12-1

paroles païennes

mythe et folklore

DU MÊME AUTEUR

Les Signes de la naissance, Plon, 1971.

Mythes et croyances dans l'ancienne France, Flammarion, 1973.

Arnold Van Gennep, Payot, 1974.

Nicole Belmont

paroles
païennes

mythe et folklore

Des frères Grimm
à P. Saintyves

EDITIONS
IMAGO

© Éditions Imago, 1986
25, rue Beaurepaire - 75010 Paris

ISBN 2-902702-35-3

A Claude Lévi-Strauss

INTRODUCTION

« ... ne sachant m'expliquer sans paroles païennes, je voudrais me taire. »

A. RIMBAUD, *Une saison en enfer.*

Mythe et folklore : deux mots au destin comparable, susceptibles de désigner le meilleur et le pire. Le mythe, c'est un récit sacré, objet de croyance, transmis religieusement de génération en génération, ou bien c'est « une construction de l'esprit qui ne repose pas sur un fond de réalité », selon la définition du petit Larousse, deuxième sens du terme que notre société utilise à tout propos, souvent hors de propos, mais toujours de façon péjorative. Le folklore, suivant l'étymologie du terme proposée par son inventeur, William Thoms, c'est le « savoir du peuple », le savoir que possède en propre le peuple, ou encore « les savoirs populaires », selon l'expression des ethnologues contemporains. Mais un autre usage moderne lui aussi a perverti le sens du terme qui est devenu « manifestation d'un pittoresque superficiel ».

C'est Roland Barthes qui a donné, il y a une trentaine d'années, un statut scientifique à l'acception gauchie des termes de mythe et de mythologie[1]. Très curieusement sa théorie fait écho, un siècle plus tard, à l'une de celles qui, au XIXe siècle, ont tenté de résoudre la scandaleuse énigme posée par l'existence des mythes. On verra que Max Müller, comme Roland Barthes, considère le mythe comme une perversion du langage[2]. La définition préalable que propose Barthes du mythe est celle de l'étymologie du mot : « Le mythe est une parole » (le grec *mûthos*). Cette adhésion au sens premier du terme oriente, ou justifie, la recherche du mythe exclusivement dans le langage et les jeux qu'il permet. En premier lieu, Barthes détermine sans difficulté que le mythe est un *métalangage* « parce qu'il est une seconde langue, *dans laquelle* on parle de la première. » Le consommateur du mythe est victime innocente de ce double jeu : le signifiant et le signifié ne sont plus pour lui, comme l'a montré Saussure, dans des rapports d'arbitraire, mais se présentent comme liés par des rapports de nature. Autrement dit, il prend la signification pour un système de faits et non de valeurs : « Le mythe est lu comme un système factuel alors qu'il n'est qu'un système sémiologique. » Dès lors, les accusations les plus graves pèsent sur le mythe. Il est toujours un vol de langage ; il peut tout atteindre, tout corrompre, y compris la pureté du langage mathématique, « indéformable » en principe. Ainsi la formule $E = mc^2$, dont le sens est inaltérable, sera emportée en bloc par le mythe qui en fera le signifiant pur de la mathématicité. « Plus le langage-objet résiste au début, plus sa prostitution finale est grande : qui résiste totalement, cède ici totalement : Einstein d'un côté, *Paris-Match* de l'autre. »

Ce n'est pas le lieu ici de faire la critique de cette théorie contemporaine de la mythologie. Il suffira de souligner deux points qui permettront de montrer l'extrême difficulté qu'il y a à parler des mythes. En premier lieu on s'aperçoit rapidement que les exemples, nombreux, utilisés par Barthes ne sont pas des mythes au sens ethnologique du terme, à commencer par le célèbre « nègre faisant le salut militaire français ». Pour dire les choses rapidement, on y verra plutôt des instantanés ou des concentrés d'idéologie. C'est qu'en effet le passage entre mythe et idéologie est facile à franchir. On y reviendra. La seconde remarque concerne le ton passionné avec lequel Barthes finit par parler du mythe et qui étonne dans une démonstration ayant toutes les apparences de l'objectivité scientifique. Les termes de « vol de langage », de « corruption » et pour finir de « prostitution » ne témoignent pas pour la sérénité du savant (Barthes épinglerait ici le mythe de la sérénité du savant). Et sans doute suffirait-il de mettre ces expressions au compte des coquetteries littéraires, si on ne s'apercevait pas que la mythologie suscite souvent des réactions d'ordre affectif, voire passionnel chez ceux qui se proposent de l'étudier de la façon la plus rationnelle, la plus objective, la plus scientifique. On en verra maints exemples chez les divers théoriciens du xixe siècle. Ces réactions peuvent être positives ou négatives. Positives, elles semblent émaner d'un état d'esprit quasiment mystique : ainsi chez les frères Grimm et leur inspirateur, Herder. Et lorsque les réactions sont négatives, elles étonnent par la violence avec laquelle sont dénoncées l'absurdité, la sauvagerie et l'immoralité des mythes. M. Détienne, relevant ces réactions d'horreur chez les mythologues du xixe siècle, y voit un double mouvement d'attirance et de répulsion et considère que la nouvelle science qui se constitue alors se donne pour tâche, entre autres, de circonscrire la mythologie et de tracer ses limites pour mieux s'en garder [3].

Les théoriciens désireux de rendre compte de l'existence de la mythologie, notamment en lui assignant une origine, se sont trouvés, à leur insu, dans la nécessité de faire appel à un système idéologique. Ils croyaient édifier une théorie scientifique pure, sans voir les infiltrations de l'idéologie, qui ouvraient des fissures préparant la ruine du bâtiment. Une archéologie de ces théories écroulées n'est pas sans intérêt : elle permet de faire le partage entre l'idéologie, qu'il est plus facile de repérer rétrospectivement que dans le contemporain, et les idées, les notions, les concepts et les approches qui n'ont pas perdu leur valeur : non sans penser que le partage que nous faisons aujourd'hui pourra lui-même être considéré plus tard comme idéologique. C'est qu'en effet les sciences dites sociales ou humaines, qu'on oppose — et c'est déjà tout dire — aux sciences « exactes » ou « pures », ne peuvent pas par définition mettre une distance suffisante entre l'objet d'étude et son observateur : la distance qu'elles établissent l'est par artifice. Aussi éloignés que semblent être pour nous ou pour les savants du xixᵉ siècle, les mythes grecs ou iroquois, ils sont cependant des œuvres humaines, qui conservent une grande partie de leur pouvoir affectif.

Il existe des rapports plus précis entre la mythologie et l'idéologie : de mécanisme et peut-être de nature. Au point de vue du mécanisme, les constructions mythiques et idéologiques partagent un type particulier de relations entre l'individuel et le collectif, type de relations qui n'est nullement fait d'exclusion réciproque, comme l'opposition classique le laisse entendre. On a longtemps et souvent considéré le mythe comme une création collective. Mais lorsque cette théorie se montre conséquente avec elle-même, elle aboutit, comme celle des frères Grimm qui ne pouvaient admettre qu'Homère ait jamais existé en tant qu'individu, à des prises de position entachées de mysticisme, non scientifiques en tout cas. D'autres théories, plus récentes en général, ont soutenu que seul l'individu peut faire acte de création. S'attachant plus spécifiquement au folklore, elles ont retiré dans le même mouvement au peuple le pouvoir de création pour ne lui laisser qu'une fonction de transmetteur. J. Bédier dans un cours de 1923-24 déclarait sans prendre de gants : « La poésie populaire est un mythe [où nous voyons un emploi de la signification gauchie du terme]. Le peuple n'a jamais rien créé. Il ne fait que reprendre et imiter ce que créent les centres de civilisation. Ainsi les prétendues chansons populaires sont des imitations plus ou moins altérées de thèmes et de formes littéraires ; on retrouve les modèles de la plupart d'entre elles dans la littérature du Moyen Age[4] ». On n'insistera pas sur ce refus brutal d'accorder une créativité littéraire au peuple : refus dont la motivation la plus profonde est sans doute idéologique. On se demandera plutôt comment une collectivité en tant que telle pourrait créer une œuvre aussi élaborée qu'un mythe, un conte merveilleux ou une chanson.

Quelle pourrait être la modalité d'une telle création ? Si l'acte créateur est donc nécessairement individuel, la manière dont sera reçue la création est très différente selon qu'il s'agit d'œuvres collectives, mythe ou folklore, ou de celles qui n'ont pas ce caractère d'anonymat, œuvres littéraires en particulier. R. Jakobson en a montré le mécanisme de la façon la plus convaincante[5]. Le folklore, selon lui, fonctionne comme la langue : n'y peuvent subsister que les formes ayant pour la communauté un caractère fonctionnel. Dès qu'une forme perd sa fonction, elle dépérit, contrairement à ce qu'on observe dans la littérature savante où une œuvre, mal reçue à son époque, conserve une existence potentielle permettant sa redécouverte par les générations suivantes : ainsi Stendhal prophétisant qu'il serait lu vers 1880 et sa prophétie se trouvant réalisée. La communauté exerce sur les productions mythiques et folkloriques issues d'une création individuelle ce que Jakobson appelle une « censure préventive » : elles ne deviennent véritablement mythe ou folklore qu'à l'instant où la communauté les accepte et en fait son bien propre. Les innovations individuelles ne sont intégrées que dans la mesure où elles répondent aux besoins de la communauté, et où elles anticipent sur l'évolution régulière de la mythologie et du folklore. C'est dans un jeu permanent d'adaptation aux besoins actuels de la communauté que se fait le travail des inventeurs, des remanieurs et des transmetteurs, travail dont le mystérieux mécanisme rappelle celui de la mode, mais aussi celui de l'idéologie. Les constructions idéologiques n'ont en général pas d'inventeur, même si elles se cherchent souvent des pères fondateurs et des filiations, mais on leur reconnaît des transmetteurs ou des propagateurs, si bien qu'elles paraissent avoir pour origine la communauté, qui y voit son bien propre et qui s'y reconnaît. On trouverait dans les *Mythologies* de R. Barthes d'innombrables exemples de ce mécanisme. Citons celui-ci : « Je crois que l'automobile est aujourd'hui l'équivalent assez exact des grandes cathédrales gothiques : je veux dire une grande création d'époque, conçue passionnément par des artistes inconnus, consommée dans son image, sinon dans son usage, par un peuple entier qui s'approprie en elle un objet parfaitement magique. » On voit bien, en effet, que le mécanisme d'ajustement entre les besoins intellectuels et affectifs, les phantasmes peut-être même, et ce qui viendra les combler, est semblable dans le mythe et dans l'idéologie : ajustement qui se fait comme de lui-même entre une demande implicite, non dite, et une offre qui semble pourtant la connaître.

Une différence fondamentale sépare cependant la mythologie et l'idéologie, dans la mesure où celle-ci relève du politique, au sens le plus large du terme, quant à sa nature et à ses fonctions. Elle est par conséquent source d'aliénation. On le verra très clairement avec les savants du xixe siècle qui, parlant de mythologie, produisent des théories dans lesquelles ils sont aliénés à des degrés divers, touchant des zones particulières. A cela il y a au moins deux raisons. La première concerne la proximité de la mythologie et de l'idéologie, qui favorise les glissements de l'une à l'autre. A ce propos on renverra le lecteur à l'article de J.-P. Valabrega, intitulé précisément « Idéologie et mythologie sous l'angle de la psychanalyse », dont on citera le début : « On se demande parfois si, dans le monde contemporain, il existe des équivalences, résurgences, variantes ou formes dégradées de ce que l'on appelle — de façon assez inexacte d'ailleurs — les " anciens mythes ". A cette question, nous répondons que si le mythe est à chercher, aujourd'hui, quelque part, c'est beaucoup moins dans les survivances et permanences de la religion, où sa reconnaissance ne pose, au demeurant, aucune difficulté nouvelle, c'est beaucoup moins aussi dans la science elle-même, dont la loi est une expansion sans cesse accélérée, que dans les phénomènes désignés et groupés sous le concept d'*idéologie*[6]. » Il établit en outre que cette parenté, cette proximité dont nous parlions entre mythe et idéologie, provient du fait que celle-ci « a la fonction du mythe et la structure du symptôme ».

D'autre part, si les théoriciens du mythe, les mythologues du xixe siècle en particulier, qui mettent en œuvre cette « science » nouvelle, glissent souvent à leur insu dans l'idéologie, c'est que celle-ci leur sert de défense contre l'angoisse que suscite en eux la mythologie, angoisse faite d'horreur et de fascination. Elle leur permet de maîtriser le sentiment d'inquiétante étrangeté que son contenu provoque, sentiment que l'on perçoit aisément chez tous ces théoriciens, même lorsque, comme chez les Grimm, il ne s'exprime pas avec force. C'est qu'en effet leur théorie est la plus marquée du point de vue idéologique : ce qui revient à dire que leurs mécanismes de défense sont les plus solides. Mais paradoxalement — ou non — ce sont eux qui ont eu la meilleure compréhension, la meilleure approche, de la nature profonde du mythe et, partant, du folklore. On trouverait encore actuellement des exemples de ces deux mouvements opposés, enthousiasme et mysticisme dépourvus de toute faculté critique d'une part, méfiance, mise à distance, sinon même répugnance d'autre part — ces derniers sentiments pouvant peut-être expliquer le désintérêt contemporain pour le folklore. Ce désintérêt frappe essentiellement la composante mythique du folklore, alors qu'il est moins marqué en ce qui concerne ses fonctions sociales. Très curieusement c'est le folklore et son contenu qu'on incrimine, d'où le glissement de sens du terme, et non les savants qui n'ont pas su maîtriser la composante inquiétante des productions folkloriques, appartenant à leur propre société, même si ce n'est à leur classe sociale. Sans doute n'en possédaient-ils pas les moyens théoriques qui sont à puiser — nous semble-t-il — dans l'existence de l'inconscient, dans la connaissance de sa nature et de ses mécanismes. On sait que Freud n'a cessé, sa vie durant, d'assigner à la psychanalyse la tâche d'expliquer les *Völkerphantasie*, les produits de l'imaginaire populaire.

Si la composante mythique du folklore rend l'étude de celui-ci difficile dans la mesure où il s'agit de la propre culture du chercheur — d'où l'attitude contemporaine fréquente de dénégation de cette composante mythique —, en revanche les fonctions sociales du folklore paraissent plus faciles à aborder, alors qu'en réalité elles donnent beaucoup plus lieu à des divagations idéologiques : dans la mesure précisément où elles passent par le truchement de la société. Leurs composantes idéologiques pèsent sur les théories des savants, qui risquent soit de les accentuer, soit de verser dans l'idéologie inverse en voulant les récuser. On s'aperçoit alors que l'idéologie du folklore a un effet « mythologisant » chez le chercheur : ainsi naissent le mythe du « bon peuple » dans lequel on trouve l'origine première des valeurs sociales authentiques, ou celui du « peuple-enfant » qu'il faut faire sortir de ses erreurs et faire accéder à la rationalité. C'est dire que le mythe évacué d'un côté resurgit de l'autre, dans un jeu dialectique toujours recommencé avec l'idéologie.

De ce jeu nous avons voulu présenter quelques exemples puisés dans l'histoire des idées et des théories du xixᵉ siècle. On aurait pu en trouver de nombreux autres, qui auraient transformé cet essai en un ouvrage d'érudition, alors qu'il tente seulement d'élucider, si peu que ce soit, l'énigme que le mythe représente pour les hommes qui pourtant en sont les inventeurs.

Les exemples que nous avons retenus sont en nombre suffisant pour montrer le jeu du flux et du reflux des théories, chacune ruinée par celle qui la suit et qui a été portée elle-même par un nouveau courant idéologique. On y voit aussi des mouvements de retour, possibles lorsque s'est écoulé un temps suffisant : à commencer sans doute par notre démarche. Fontenelle, devançant de peu la philosophie des Lumières, se pose la question de l'origine des mythes (les « fables ») qu'il attribue à un exercice maladroit de l'esprit chez la jeune humanité. Plus d'un siècle plus tard, l'école anthropologique anglaise retrouve cette thèse rationaliste en réfléchissant sur la mythologie non plus des anciens Grecs, mais des peuples primitifs que commencent à étudier systématiquement les ethnologues. La théorie de l'évolutionnisme épaulera opportunément l'anthropologie dans sa démarche scientifique.

Dans la seconde moitié du xviiiᵉ siècle, le préromantisme découvre en revanche avec délectation la « poésie de nature », grossière mais authentique, spontanée, immédiate : les critères ne sont plus rationnels, ils sont affectifs. Vico, qui en Italie au XVIIIe siècle participait à ce courant de pensée, voyait dans la poésie populaire une forme primordiale antérieure à la réflexion. Plus proche des origines, moins menacée donc par la raison, elle sera plus pure et plus forte. Les frères Grimm partent de ces prémisses pour édifier leur œuvre et donner une existence désormais légitime au conte populaire. Aucun chercheur contemporain, étudiant les contes populaires, ne peut récuser sa dette à l'égard des frères Grimm. Ils ont révélé un objet qui existait sans doute avant eux, mais dont l'existence était ignorée, méconnue ou déniée. Les contes étaient en effet les rares, sinon les seules, productions folkloriques, à passer de la culture populaire à la culture savante, par l'intermédiaire des domestiques ou des gens du peuple, que pouvaient fréquenter les enfants de la bourgeoisie. Les frères Grimm leur ont donné un statut de genre littéraire, qui leur fut gardé et qui fut confirmé un siècle plus tard par les travaux de Vladimir Propp : ce dernier met en lumière la structure spécifique des contes dits merveilleux, leur « morphologie »[7]. Il démontre que ces récits mettent en œuvre des séquences d'actions, les « fonctions », qui sont en nombre limité, comme le sont les personnages qui accomplissent ces actions. Poursuivant la voie ouverte par Propp, les chercheurs contemporains étudient le conte comme un récit dont il s'agit d'établir la grammaire[8] ou la logique[9].

La génération qui suit les Grimm a perdu leur émerveillement devant la mythologie et retrouvé dans le même mouvement le sentiment du scandale qu'elle provoque. On a dit que Max Müller, comme Roland Barthes un siècle plus tard, considère la mythologie comme consubstantielle au langage : « La mythologie est inévitable, elle est une nécessité inhérente au langage car elle est, en un mot, l'ombre obscure que le langage jette sur la pensée... Il ne fait aucun doute qu'il existe une mythologie de nos jours comme au temps d'Homère, mais nous ne la remarquons pas parce que nous vivons dans son ombre, et parce que nous reculons tous, éblouis par la pleine lumière de midi de la vérité[10]. »

La partie la plus caricaturée par ses détracteurs dans l'édifice théorique de Max Müller sera l'interprétation astronomique, ou solaire, de la mythologie. Un siècle plus tard, cet aspect est mis à son crédit par Cl. Lévi-Strauss, qui ajoute cependant que l'erreur fut de considérer le code astronomique comme l'instrument unique et exclusif pour la compréhension des mythes, alors qu'il y en a toujours plusieurs à l'œuvre simultanément. Il ne s'agit cependant pas d'additionner les codes les uns aux autres : « Il faudrait plutôt dire qu'un groupe de mythes constitue par lui-même un code d'une puissance supérieure à chacun de ceux qu'il utilise pour chiffrer des messages multiples. Véritable " intercode " [...] il permet la convertibilité réciproque de ces messages selon des règles dont le répertoire demeure immanent aux différents systèmes qui, par son opération, laissent émerger une signification globale et distincte des leurs[11]. » Nous sommes loin de Max Müller et de ses disciples, avec leurs jeux enfantins et louches du Soleil poursuivant de ses assiduités sa fille l'Aurore !

A la fin du XIXe siècle, l'école anthropologique anglaise fonde son système d'explication des mythes dans une histoire de l'humanité reconstruite grâce à l'anthropologie, en supposant trois stades successifs, sauvagerie, barbarie et civilisation. La thèse, pour être satisfaisante, devra expliquer pourquoi les mythes inventés par les hommes sauvages se sont transmis jusqu'aux civilisés. La notion de survivance permet de décrire plus que d'élucider la pérennité de ces productions venues d'autres âges. Cette notion, capitale lorsqu'on tente de faire une histoire du folklore comme discipline, nous servira à mieux comprendre la fonction, et par conséquent la persistance, des productions de l'imaginaire collectif, qui est de donner forme, de prendre en charge et de véhiculer l'archaïque psychique dans le contemporain et l'actuel : à mieux comprendre donc ce que nous disent ces « paroles païennes ».

CHAPITRE I

LA VÉRITÉ DE LA FABLE

« *Le vrai a besoin d'emprunter la figure du faux, pour être agréablement reçu dans l'esprit humain : mais le faux y entre bien sous sa propre figure ; car c'est le lieu de sa naissance et de sa demeure ordinaire, et le vrai y est étranger.* »
FONTENELLE, *Dialogue des Morts antiques et modernes.*

Le XVIIIe siècle, surprenant à maints égards, prépare l'avènement d'une « science de la mythologie » au siècle suivant avec des œuvres aussi radicalement différentes que l'ouvrage de Fontenelle, *De l'Origine des fables*, en France et, en Allemagne, les travaux de Herder. L'Angleterre joue pour sa part un rôle différent, mais dont le retentissement sera considérable, en publiant, par le truchement de James Macpherson, les poèmes d'un prétendu barde écossais, Ossian. Ces voix, apparemment diverses sinon même discordantes, témoignent toutes, en premier lieu, d'une attention nouvelle, si nouvelle qu'elle en est presque une révélation, portée à la « fable », à la « poésie populaire » : bref, aux mythes.

Jean Starobinski montre qu'on distingue aux XVIIe et XVIIIe siècles la fable de la mythologie. « La *fable* est l'ensemble des notions reçues, touchant les divinités du paganisme [12]. » Elle est une connaissance obligée pour toute personne cultivée, puisqu'en effet elle fournit à la poésie, au théâtre, aux arts plastiques, à la musique, un répertoire de personnages, de récits et d'accessoires ornementaux. « La connaissance de la fable est la condition même de la lisibilité du monde culturel tout entier. » Présentée sous forme de dictionnaires, elle se réduit parfois à une sorte de code, un lexique, qui rend déchiffrables et compréhensibles la poésie, le théâtre, la peinture, les arts décoratifs. En revanche, la mythologie n'est pas conseillée à l'honnête homme. C'est en effet la science qui tente de rechercher le sens ou le mystère de la fable, de la replacer dans l'histoire religieuse, d'en faire l'histoire tout court. « Il s'agit alors d'*interpréter* les figures de la fable selon l'exigence d'une compréhension historique, génétique, systématique. Tandis que la fable est elle-même, sous une forme vulgarisée et facile, un moyen universel de " poétiser " toutes choses, la " mythologie " l'interroge sur ses origines, sur sa portée intellectuelle, sa valeur de révélation, ses liens avec des institutions et des coutumes. Bref, l'opposition sémantique entre la *fable* et la *mythologie* peut être énoncée comme la différence entre un système interprétatif généralisé et stabilisé et une réflexion de type rationnel qui fait de ce système interprétatif un objet à interpréter selon d'autres conditions de validité. »

La fable constitue un divertissement profane utile au christianisme pour éviter tout empiètement dans le domaine sacré de la religion. L'usage esthétique de la fable païenne, qui ne suscite aucun effet de croyance, permet de réserver toute la charge de sacré pour le christianisme, qui « laisse subsister à ses côtés, mais sur le mode de l'image gratuite et de la fiction désamorcée, tout l'univers de pulsions partielles, *polythéistes*, qu'il a historiquement supplantées et que les vrais fidèles sont invités à nier et à dépasser ». Bien entendu la fable se réduit à la mythologie gréco-latine, et particulièrement telle qu'elle est transmise dans les *Métamorphoses* d'Ovide. De la même manière, durant un siècle, de la fin du XVIIe à la fin du XVIIIe, le conte populaire, puis oriental, servira les mêmes fins de divertissement mondain et de matériau séduisant pour des œuvres littéraires.

Mis à part les travaux d'érudition des « antiquaires », les réflexions sur la mythologie se situent dans deux courants théoriques concernant l'origine des mythes. Le premier, conforme à l'orthodoxie religieuse, veut qu'à l'origine ait régné le monothéisme. Les hommes n'adoraient qu'un seul Dieu ; mais certains de leurs descendants abandonnèrent la pureté de ce culte pour s'attacher aux objets sensibles et aux phénomènes naturels, le soleil, les astres, les fleuves, les montagnes, les héros, dont ils firent des divinités, versant ainsi dans le polythéisme. Le deuxième courant théorique de la mythologie, d'inspiration libertine, inverse cette histoire reconstruite en plaçant à l'origine le polythéisme pour aboutir au monothéisme. Ce courant est représenté essentiellement par Fontenelle et son traité *De l'Origine des fables*, qui va d'ailleurs encore plus loin dans cette voie, parce qu'il pose aussi la question de la causalité du Dieu des Hébreux.

De l'Origine des fables est un court traité qui paraît en 1724 dans une nouvelle édition des *Œuvres diverses* de M. de Fontenelle. Mais la rédaction en serait plus ancienne, étant peut-être une partie d'un ouvrage considérable intitulé *Sur l'Histoire*, qui n'a pas été achevé par Fontenelle. Dans cette hypothèse il daterait d'une période comprise entre 1691 et 1699 [13]. La thèse générale de Fontenelle consiste à voir dans la « fable » la première réponse de l'homme devant tous les phénomènes et les événements qui l'émerveillent ou le terrorisent. Les fables sont en elles-mêmes des tissus d'absurdités, mais ont le mérite de nous faire connaître l'état de la réflexion des hommes primitifs sur le monde. Fontenelle commence son traité en prenant en quelque sorte de la distance vis-à-vis de ces récits, qu'on connaît depuis l'enfance et qui font partie, on l'a dit, de la trame culturelle de l'époque. « Mais, si l'on vient à se défaire des yeux de l'habitude, il ne se peut qu'on ne soit épouvanté de voir toute l'ancienne histoire d'un peuple, qui n'est qu'un amas de chimères, de rêveries et d'absurdités. » Les termes sont forts : l'épouvante saisit le philosophe quand il prend de la distance vis-à-vis de ces récits, c'est-à-dire quand il les dissocie de leur usage culturel contemporain, quand il les considère pour ce qu'ils sont et ce qu'ils racontent. Il s'aperçoit alors qu'ils ne sont que chimères, rêveries et absurdités. Cette épouvante se retrouvera très souvent exprimée par les mythologues du xixe siècle et constituera le point de départ avoué des réflexions sur la mythologie. Les mythes connus, c'est-à-dire ceux de l'antiquité de l'Inde, de la Grèce et de Rome, ne peuvent que choquer la raison et la morale, si on porte attention à ce qu'ils racontent, en faisant abstraction de leur fonction contemporaine (aux xviie et xviiie siècles) et du respect dû à des témoignages venus de temps si reculés. La mythologie grecque et romaine apparaît particulièrement choquante à cet égard, puisqu'on révère chez l'un et l'autre de ces peuples des qualités de raison et de mesure ainsi que des vertus exemplaires. La question se pose de savoir comment ils ont pu créer et transmettre des œuvres aussi manifestement fausses et aussi scandaleuses. Et puisqu'on trouve des mythes chez un grand nombre de peuples, c'est l'esprit humain qu'il faut étudier, dit Fontenelle, « dans une de ses plus étranges productions : c'est là bien souvent qu'il se donne le mieux à connaître ». Les déviations de la raison ne doivent pas être niées, ni occultées : mieux encore, leur étude est nécessaire.

Aux premiers temps de l'humanité, l'ignorance et la barbarie devaient être extrêmes. A titre de comparaison, Fontenelle cite des peuples sauvages contemporains, les Cafres, les Lapons et les Iroquois, dont il sait bien qu'ils ont déjà une longue histoire derrière eux et que leur barbarie n'est certainement pas comparable à celle de la première humanité. Ces esprits ignorants étaient portés à voir partout des prodiges : non pas faute de raison, qui est la même en tout être humain, mais faute de connaissances cumulées ; l'imagination l'emporte alors sur la raison. Ou bien on voit des choses qui n'existent pas, ou bien on attribue à des phénomènes naturels des causes surnaturelles. Ces prodiges sont alors transmis par les pères aux enfants, déjà embellis. « Mais assurément ce sera encore bien pis, quand ils passeront de bouche en bouche : chacun en ôtera quelque petit trait de vrai, et y en mettra quelqu'un de faux, et principalement du faux merveilleux qui est le plus agréable ; et peut-être qu'après un siècle ou deux, non seulement il n'y restera rien du peu de vrai qui y était d'abord, mais même il n'y restera guère de chose du premier faux. » La problématique du vrai et du faux tient une place importante dans les théorisations du mythe et du folklore. On le voit ici à l'état naissant. Il faudra y revenir, mais on peut s'étonner dès maintenant de son utilisation répétée, puisqu'en matière de mythe le critère du vrai et du faux n'est en effet pas pertinent. Les mythes n'ont jamais prétendu être un constat de la réalité extérieure. S'ils sont le reflet d'une réalité, c'est d'une autre réalité, psychique et non matérielle. Ce que sait — ou savait — plus ou moins confusément, tout « utilisateur » de mythe, ne semble pas tomber sous le sens de ses théoriciens. On décèle toujours chez eux comme l'expression déguisée d'un regret concernant la fausseté des mythes. On aimerait y croire, mais un esprit rationaliste ne peut évidemment croire qu'aux choses « vraies ». Très vite aussi, on le voit, on glisse au problème de la croyance, lui aussi indissociable de la nature du mythe.

Dans ce même passage, Fontenelle pose la question de la valeur de la transmission orale : elle engendre nécessairement des déformations et des inexactitudes. Elle est donc mensongère et les fables ne contiennent rien qui puisse aider à reconstituer l'histoire des peuples qui les ont créées. On verra que cette méfiance à l'égard de la transmission, et par inférence à l'égard de la tradition, est également présente, à l'état diffus ou explicite, dans les jugements portés sur les productions folkloriques dans le contemporain. L'attitude est apparemment ambivalente, dans la mesure où la valeur du folklore est fondée sur l'ancienneté de sa tradition et où, dans le même temps, cette valeur s'effrite du fait de la transmission qui fonde la tradition. Ainsi une enquête faite par le ministère de la Culture sur les représentations et les attitudes des Français à l'égard du patrimoine culturel laissait apparaître cette méfiance dans des phrases telles que celles-ci : « Quand on voit ce folklore, c'est forcément déformé, ça se transmet de génération en génération et c'est forcément déformé... On ne peut pas nous montrer exactement comment ça se passait il y a deux siècles ; donc ça ne peut pas apporter grand-chose parce qu'on ne peut pas s'y fier... C'est forcément mal transmis [14]. » Cette ambivalence a cependant sa logique. Le folklore tire sa valeur de son ancienneté, mais puisque la transmission l'a gauchi et déformé il est impossible de le connaître dans son authenticité primitive. Pourtant on en a la nostalgie. Et si, pour Fontenelle, la mythologie procède du goût qu'ont et qu'auront toujours les hommes pour le merveilleux, le folklore procède également de la nostalgie.

A l'origine des fables il n'y a cependant pas pour Fontenelle que du merveilleux. Il y avait aussi une curiosité, qui est celle des philosophes de tous les temps, et qui poussait certains hommes, doués d'un peu plus de génie que les autres, à rechercher les causes des phénomènes naturels. « D'où peut venir cette rivière qui coule toujours, a dû dire un contemplatif de ces siècles-là ? Etrange sorte de philosophe, mais qui aurait peut-être été un Descartes dans ce siècle-ci. » Comme les hommes utilisaient des cruches pour conserver l'eau, le Descartes de cette époque imagina qu'un dieu versait éternellement de l'eau d'une cruche pour alimenter la rivière. Le principe fondamental de la philosophie est à cet égard toujours le même, puisqu'il s'agit d'expliquer « les choses inconnues de la nature par celles que nous avons devant les yeux ». La création des figures divines s'explique ainsi : tous les phénomènes de la nature, foudre, vent, pluie, étaient provoqués par des êtres imaginés sur le modèle humain, assez puissants et forts pour produire ces effets stupéfiants et assez humains pour qu'on leur attribue tout le comportement des hommes, y compris le pire. Aux temps les plus primitifs la force physique seule était admirée ; on n'avait pas l'idée de sagesse et de justice. Les dieux imaginés à cette époque ne sont donc que puissants. Puis la vertu venant peu à peu aux hommes, l'image de leurs dieux en bénéficie. Ainsi les divinités du temps de

Cicéron valent mieux que celles du temps d'Homère, « parce que de bien meilleurs philosophes y avaient mis la main ». On a cependant conservé les fables qui se rapportaient à ces divinités barbares, par goût du merveilleux. Le faux est maintenu à titre ornemental : il embellit les récits et flatte les passions. Fontenelle remarque que, « encore aujourd'hui les Arabes remplissent leurs histoires de prodiges et de miracles, le plus souvent ridicules et grotesques ». Et il ajoute : « Sans doute cela n'est pris chez eux que pour des ornements, auxquels on n'a garde d'être trompé, parce que c'est entre eux une espèce de convention d'écrire ainsi. » C'est à cette époque en effet que les *Mille et une nuits* sont publiés en France par Galland, en douze volumes constituant une édition très écourtée et infidèle. Il est intéressant de voir que Fontenelle est sensible à l'utilisation esthétique des fables dont son époque fait une grande consommation. A ses yeux cette utilisation est licite à condition qu'on sache en distinguer le faux ; elle devient dangereuse lorsque les récits passent chez d'autres peuples qui prendront pour vérité ce qui est pur ornement, ou lorsqu'ils sont entendus par des gens peu éclairés, « car, pour le peuple, il est destiné à être la dupe de tout ». Le goût du merveilleux se double de la satisfaction d'obtenir une explication qui rend compte de l'existence d'un phénomène naturel dont on ne connaît pas les causes. Ces mythes étiologiques constituaient une proto-philosophie et une proto-science.

Le christianisme lui-même n'a pas réussi à extirper complètement le goût du merveilleux et cette curiosité préscientifique. Fontenelle en trouve la preuve dans un souvenir d'enfance. On lui avait raconté en effet qu'autrefois le sureau portait des raisins aussi bons que ceux de la vigne ; mais Judas s'étant pendu à l'un de ces arbres, leurs fruits devinrent mauvais. « Cette fable ne peut être née que depuis le christianisme ; et elle est précisément de la même espèce que ces anciennes métamorphoses qu'Ovide a ramassées, c'est-à-dire que les hommes ont toujours de l'inclination pour ces sortes d'histoires. » Sans doute les erreurs et les absurdités des siècles derniers ne sont pas aussi grandes que celles qu'on trouve dans les fables grecques. C'est qu'en effet on ne part pas d'aussi bas et qu'on est éclairé « des lumières de la vraie religion, et, à ce que je crois, de quelques rayons de la vraie philosophie ». Mais les peuples nouveaux, comme le furent les Grecs, comme le sont les actuels barbares de l'Amérique, dépourvus de la vraie religion, de philosophie et de connaissances, sinon grossières, inventent nécessairement le même type de fable. Fontenelle cite même des exemples à titre de preuve. Il rapproche la croyance des « Amériquains » qui envoient les âmes de ceux qui ont mal vécu dans des lacs bourbeux et désagréables, de la tradition des Grecs qui les faisaient aller sur les bords du Styx et de l'Achéron. L'Inca Manco Guyna Capac, fils du Soleil, réussit à faire sortir par les moyens de son éloquence, les habitants du pays du fond des forêts où ils vivaient comme des bêtes ; Orphée, lui aussi fils du Soleil, en fit autant pour les Grecs. L'idée d'une conformité des stades de la barbarie et de la civilisation, où les Grecs anciens peuvent à cet égard se retrouver comparés aux « Sauvages Amériquains », sera reprise et développée par Lafitau. L'esprit libre qu'est Fontenelle n'hésite pas à faire ce rapprochement qui devait apparaître à ses contemporains comme sacrilège, étant donné le respect qu'on portait à son époque aux cultures grecque et latine.

Ignorance propre à la barbarie, telle est la cause première de la formation des fables. Mais Fontenelle ne veut pas méconnaître d'autres facteurs, de nature historique. Ainsi des peuples plus anciens transmirent certaines de leurs fables à des peuples plus jeunes : par exemple, les Grecs empruntèrent des récits aux Egyptiens et aux Phéniciens. Leurs langues différentes furent à l'origine de malentendus, de méprises et de quiproquos, qui introduisirent de nouvelles absurdités. Par exemple, le nom phénicien pour gouvernail veut dire aussi « parlant ». Les Grecs s'imaginent alors que le navire Argo avait un gouvernail qui parlait. La mention de ce type de sottises amène Fontenelle à critiquer les Grecs anciens, auxquels on attribue tant d'esprit et de curiosité, et qui « manquaient bien de l'un ou de l'autre de ne pas s'aviser d'apprendre parfaitement ces langues-là, ou de les négliger ». L'idée que les mythes naissent de malentendus et de quiproquos linguistiques sera le fondement de la théorie de Max Müller au XIXe siècle. Il est curieux de la repérer à l'état latent chez Fontenelle, qui ne la développe ni ne l'argumente. L'usage de l'écriture, s'il contribua à l'extension des fables, limita cependant l'effet cumulé de l'absurdité. La tradition se fixa, la transmission orale ne contribua plus à l'embellissement continuel des récits. L'ignorance diminuant, « les histoires devinrent moins fabuleuses ». Fontenelle retrace alors le passage des « histoires » à l'« histoire ». A l'origine on ne gardait le souvenir des événements que par curiosité ; on s'aperçut ensuite de l'utilité d'en conserver la trace soit parce qu'ils faisaient honneur aux peuples, soit parce qu'ils servaient de preuves dans les éventuels différends entre nations, soit encore, mais en tout dernier lieu, pour fournir des exemples de vertu. Tous ces usages exigeaient la véracité de l'histoire par l'éradication des absurdités et l'introduction de la raison et de la vraisemblance.

En conclusion, Fontenelle reconnaît une vertu aux fables : celle de montrer l'histoire des erreurs de l'esprit humain. Il est utile de le savoir car « il en est moins capable, dès qu'il sait à quel point il l'est. Ce n'est pas une science de s'être rempli la tête de toutes les extravagances des Phéniciens et des Grecs ; mais c'en est une de savoir ce qui a conduit les Phéniciens et les Grecs à ces extravagances ». La seule utilité intellectuelle des mythes consiste à susciter la réflexion sur les extravagances où peut verser l'esprit humain et à se demander comment et pourquoi de telles extravagances peuvent naître : par suite à s'en garder puisqu'on en connaît l'origine. Le goût du merveilleux existe toujours chez l'homme : il n'y a pas d'inconvénient à ce qu'il s'y adonne, à condition que la raison veille et reste la plus forte. Du même coup un certain usage des fables devient parfaitement licite : l'ornement, le divertissement, l'emploi poétique. Cet usage existait déjà chez les Grecs, dans la peinture et dans la poésie, où il faut séduire l'imagination. Mais le seuil qu'il faut se garder de franchir est celui de la croyance. Le faux et le merveilleux ont des charmes permis, à condition qu'on les reconnaisse comme tels, qu'on ne les prenne pas pour vrais et qu'on n'y croie pas. Sans donner la clé de l'origine des fables, le texte de Fontenelle est remarquable en ceci qu'il indique, plus d'un siècle en avance, les principaux points théoriques qui seront présents chez les mythologues et les folkloristes du xixe siècle : la problématique du vrai et du faux en matière de mythologie ; celle de la transmission orale considérée comme un facteur de déformation, sinon de dégradation ; l'usage esthétique du mythe, qui permet de justifier et de neutraliser le plaisir qu'on y prend, usage qui deviendra appropriation en ce qui concerne le folklore.

Durant tout le xviiie siècle, la France ne connaîtra pas d'hypothèses ni de théories concernant la mythologie qui n'émanent de la philosophie des Lumières. En revanche, dans d'autres pays d'Europe une réflexion nouvelle prend pour objet la mythologie, non seulement celle des peuples de l'Antiquité classique, mais aussi celle des peuples contemporains, celle du « peuple », qu'elle nomme alors poésie populaire. Ce mouvement, qui présente des formes un peu différentes selon les pays, participe du préromantisme, du *Sturm und Drang* : il constitue à coup sûr une réaction contre l'esprit des Lumières et la tyrannie intellectuelle française imposée par celui-ci. Une des premières manifestations de ce mouvement voit le jour en Angleterre et servira à la fois de porte-drapeau et d'ouvrage de référence où puiser exemple, méthode et enthousiasme. Curieusement cet ouvrage est un faux.

A vrai dire, ce sont deux publications, à peu près contemporaines, qui apportent à un public déjà prêt sans doute à les accueillir des matériaux propres à satisfaire une nouvelle sensibilité. La première de ces publications, c'est le célèbre faux d'Ossian. En 1760 paraissent des fragments de poésie épique attribués à un ancien barde, provenant de manuscrits datés du xiie au xvie siècle, et traduits anonymement (*Fragments of Ancient Poetry collected in the Highlands of*

Scotland and translated from the Gaelic or Erse Language).
L'énorme succès de ce recueil encourage son « traducteur »,
James Macpherson, à publier d'autres fragments en 1762, puis
une édition complète en 1765 qu'il assortit de commentaires
signés par lui et destinés à établir l'authenticité de ces poèmes.
Ce recueil bénéficia d'un succès considérable, non seulement
en Angleterre, mais dans toute l'Europe, succès qui, paradoxalement, ne se démentit pas lorsqu'on put prouver l'imposture.
Dès la publication on n'hésite pas à comparer à Homère ce
barde écossais venu du fond des âges : Ossian ouvre les portes
d'un monde poétique entièrement nouveau, où l'effusion
sentimentale prime la réflexion et où la spontanéité, parfois
brutale, de la nature ignore les règles de l'art.

Ce goût, subitement révélé, de la poésie populaire trouvera,
toujours en Angleterre, un aliment plus authentique que celui-
ci dans l'ouvrage de Thomas Percy, *Reliques of Ancient English
Poetry* (1765). Il s'agit d'un recueil de ballades populaires
extraites de manuscrits allant du xve au xviie siècle. Mais la
fidélité de Percy n'est pas totale : dans la collection on trouve
un grand nombre de textes auxquels, de l'aveu même de
l'auteur, des « corrections » et des « améliorations » ont été
apportées. Il s'en donnait le droit puisqu'il était nécessaire de
ne pas rebuter un public raffiné par une trop grande rusticité et
le mettre ainsi à même de goûter les qualités de simplicité, de
naturel, de fraîcheur de cette poésie issue du peuple. C'est là
qu'est l'apport essentiel de l'Angleterre dans le mouvement
préromantique d'où naîtra le folklore : elle fait connaître les
documents eux-mêmes, elle met sous les yeux des amateurs les
vestiges de la poésie populaire.

Un autre pays d'Europe, la Suisse, joua un rôle important
dans ce mouvement qui préluda à une nouvelle réflexion sur le
mythe et à la naissance du folklore. Durant la seconde moitié
du xviiie siècle, une réaction se fait jour à travers les
publications d'un certain nombre d'écrivains, dirigée contre la
tyrannie française de l'esprit des Lumières. Déjà en 1727,
Béat-Louis de Muralt dans ses *Lettres sur les voyages* exalte la

droiture, la simplicité, l'heureuse obscurité de la nation suisse. Cette idée est reprise par Albrecht von Haller (1708-1777), Bernois qui publie *Die Alpen*, poème où il chante les traditions d'un peuple naturel et libre. Jean-Jacques Bodmer (1698-1783), d'origine allemande mais fixé à Zurich, recherche les *Antiquitates* locales : on trouve déjà chez lui l'idée développée plus tard par les frères Grimm selon laquelle la poésie d'une nation fait partie intégrante de son histoire. Et ses découvertes ne concernent pas une poésie épique médiocre, puisqu'il s'agit du *Minnesang*, de *Parsifal* et des *Nibelungen*. On peut voir dans la personne de Justus Möser (1720-1794) un autre prédécesseur des frères Grimm, puisqu'il étudie les coutumes des communautés rurales, et sous ce terme il entend aussi bien le droit coutumier et les usages que les superstitions, dont on découvre toujours la raison d'être si l'on veut bien se donner la peine de la chercher. Enfin Johannès Müller (1752-1809) fait l'histoire de la Confédération suisse, mais une histoire qui n'oublie pas de prendre en compte la légende. G. Cocchiara résume fort bien l'apport de la Suisse dans ce mouvement qui concourt à la naissance du folklore comme discipline : « Dans une époque où l'esprit des Lumières voyait dans les traditions populaires des erreurs de l'esprit humain, les historiens suisses et Möser les considèrent comme un élément constitutif de l'humanité : d'où leur exigence de les introduire dans l'histoire et d'en faire l'assise du caractère original et fondamental de toute nation [15]. »

C'est à l'écrivain allemand Johann Gottfried Herder (1744-1803) que revient le mérite de donner corps à toutes ces idées éparses. Son œuvre marque le moment où pivote la réflexion sur l'histoire des sociétés et des peuples et sur le mythe, en particulier dans la mesure où celui-ci est intégré à celle-là comme un élément constitutif. Il s'agit donc d'une quasi-inversion des théories de Fontenelle sur la mythologie et, plus généralement parlant, de celles de la philosophie des Lumières. C'est aussi, plus profondément, une tout autre philosophie de l'histoire. L'histoire de l'humanité ne consiste pas en un progrès continuel vers un plus grand rationalisme, partout identique. « Herder y voit le jeu contrasté d'individualités culturelles, nous dit Louis Dumont[16], dont chacune constitue une communauté spécifique, un peuple, *Volk*, où l'humanité exprime chaque fois de façon irremplaçable un aspect d'elle-même [...] Dans le flux de l'histoire, il y a non pas simplement progrès (*Fortschritt*), mais, à l'intérieur des grands ensembles de civilisation, l'antique et le moderne, ce qu'on appellerait une succession d'épanouissements (*Fortgang, Fortstreben*) tous *d'égale nécessité, d'égale originalité, d'égal mérite, d'égal bonheur* », selon les termes mêmes de Herder. La créativité des peuples prend sa source dans la collectivité et non dans les individus. Les cultures, qui sont l'émanation de cette créativité, sont comme des organismes vivants qui ont des périodes d'expansion et de repli, de vigueur et de faiblesse.

L'esprit des peuples s'exprime éminemment dans la poésie populaire, forme la plus primitive, la plus vraie, du langage. « Les chants populaires, les fables, les légendes sont le résultat des croyances d'un peuple, de sa sensibilité, de ses facultés, de ses efforts : on croit parce qu'on ne sait pas, on rêve parce qu'on ne voit pas, on s'agite à l'intérieur de son âme, entière, simple et pas encore développée. Tous les peuples non civilisés chantent et agissent, leurs chants sont les archives, le Trésor de leur science et de leur religion, de leur théogonie et de leur cosmologie, des hauts faits de leurs pères et des événements de leur histoire, l'écho de leur cœur, l'image de la vie domestique dans la joie et la douleur, près du lit nuptial et de la tombe. » Dans le texte, dont est extrait ce passage et qui est un *Fragment d'une correspondance sur Ossian et les Chants des peuples anciens* (1773), Herder affirmait que l'Allemagne possédait une poésie populaire comparable à celle d'Ossian. A sa connaissance, de nombreuses régions conservent des chants populaires, chants du terroir, chansons paysannes pleines de vivacité et de rythme, naïves et fortes dans leur expression. Mais personne ne se soucie de les recueillir, d'aller dans la campagne, sur les marchés et dans les ruelles des villages, de collecter les rondeaux traditionnels, les chansons aux mauvaises rimes, de les faire imprimer pour les faire connaître aux critiques « si soucieux de compter les pieds et de vérifier les rimes ». Et cependant chaque peuple fait son propre portrait par sa poésie : « Les nations guerrières chantent les exploits valeu-reux ; les nations tendres chantent l'amour ; un peuple intelli-gent fabrique des énigmes [...] ; les peuples qui connaissent des conditions de vie terribles créent des dieux terrifiants pour eux-mêmes. » Des exemples bien choisis et bien explicites de ces poésies permettraient de comprendre intuitivement l'âme singulière et attachante de chacun des peuples. Cet appel à la collecte de la poésie populaire sera entendu au début du XIXᵉ siècle en Allemagne, qui verra dans les vingt premières années de ce siècle le même balancement qu'en Angleterre au milieu du siècle dernier, entre l'authentique et le falsifié. Le recueil de Clemens Brentano et d'Achim von Arnim, *Le Cor enchanté de l'enfant (Des Knaben Wunderhorn)*, est réécrit par ses « collec-teurs » à l'usage de leur propre classe sociale, alors que les contes recueillis par les frères Grimm (*Kinder-und Hausmär-chen*, 1812-1815) respectent, en dépit de quelques remanie-ments, l'essentiel de l'esprit et de la structure du récit.

En Allemagne, Herder a donné à la génération qui lui succède non seulement l'enthousiasme qui permet le début des collectes, qu'elles soient entreprises dans les campagnes auprès des paysans ou dans les manuscrits du Moyen Age lorsqu'il s'agit d'anciennes légendes ; il lui a donné aussi les idées essentielles qui permettront désormais de passer de cet enthou-siasme empathique à la constitution d'un savoir mythologique nouveau, nouveau en ce sens qu'il englobera la poésie des peuples contemporains et des peuples primitifs et barbares, dont la rusticité, la grossièreté, la rudesse apparaissent précisé-ment comme le garant de leur authenticité. « Telle est la conviction neuve qui rend aux mythes une légitimité à la fois ontologique et poétique et qui prête une attention égale aux témoignages de toutes les littératures primitives ; et comme pour répondre à cette écoute neuve, des mythologies entières se désoccultent ou parfois s'inventent à demi : l'Edda, Ossian, les livres sacrés de l'Orient, les chants des Indiens de l'Amérique. On y découvre l'image d'un art avant l'art, d'une poésie antérieure à toute règle de composition. Dans cette " barbarie ", on se plaît à reconnaître une grandeur et une énergie que les langues civilisées ne possèdent plus [17]. »

En dépit de toute l'idéologie dont ce mouvement intellectuel nouveau s'entoure et s'inspire, on y voit cependant une démarche déjà ethnologique, dans la mesure où d'autres cultures deviennent non seulement perceptibles en tant que telles, mais sont susceptibles dès lors d'être des objets d'étude. Ces cultures sont éloignées dans le temps, comme celles qui ont vu naître les mythologies scandinave, germanique ou « ossianique », et dans l'espace, comme la civilisation de l'Inde ancienne qu'on commence à découvrir. Les efforts de ce travail idéologique tendront à rapprocher ces cultures de la culture occidentale contemporaine, lorsqu'on découvrira leur parenté. Mais l'effort le plus grand consistera sans doute à mettre au jour la culture la plus proche dans le temps et dans l'espace : la culture populaire, les traditions, la poésie et les croyances du peuple. Et non seulement elle deviendra visible comme un objet jusque-là dans l'obscurité et soudainement éclairé, mais elle sera aussi investie de la même valeur que ces anciennes cultures, barbares et rudes certes, mais respectables parce que primitives et originaires. Si les mythes de ces cultures renvoient aux premiers modes d'expression de l'humanité, les traditions populaires renvoient, elles, aux origines du peuple, dont elles sont les archives, les témoignages de son savoir, de ses croyances et de son histoire.

Au début du XIXe siècle l'Allemagne a subi, comme presque toutes les nations européennes, ce qu'on peut appeler le choc émotif provoqué par les poèmes d'Ossian. Mais elle dispose d'un atout supplémentaire, intellectuel celui-ci et non plus seulement affectif, celui du cadre conceptuel fourni par Herder. Il permet aux écrivains et savants allemands du début du XIXe siècle de penser les matériaux nouveaux qu'ils découvrent. La première hypothèse nécessaire dans ce retournement du rationalisme de la philosophie des Lumières voit dans le langage l'expression même de la nature humaine, consubstantielle à celle-ci, et dans la poésie la forme première, originaire, du langage. Ensuite chaque peuple constitue une entité originale qui n'est pas seulement la somme des individus qui le composent. Chacun de ces peuples est doué d'un « esprit », d'une « âme » et, à ce titre, vit à la manière d'un organisme. Pour Herder « les cultures sont des individus collectifs », selon la formule de L. Dumont[18]. Chacune est différente, chacune a sa valeur propre — à commencer par les cultures populaires, qui montrent dans le contemporain la force et l'authenticité de la poésie primitive — comprenons la mythologie.

Nous sommes — on le voit — à l'opposé de la position théorique de Fontenelle qui, en particulier, considérait le mythe comme l'effet désastreux et cumulé des erreurs de l'esprit humain, curieux de connaître les origines des phénomènes de la nature, mais démuni du savoir qui lui permettrait d'en découvrir les vraies causes et s'abandonnant aux délices du faux merveilleux. Pour Herder le critère du vrai et du faux n'est pas pertinent en la matière. Les mythes ne sont ni vrais ni faux : ils sont l'expression authentique de la poésie primitive, l'émanation véritable du langage humain. Une telle conception est totalement étrangère à la réflexion française de la même époque. Cependant la France a subi elle aussi le choc émotif des poèmes d'Ossian. Mais elle le subit avec un certain retard, semble-t-il, et sans en tirer des conséquences théoriques de même nature ni de même envergure. Les écrivains préromantiques et romantiques sont profondément sensibles à la poésie ossianique. Dans son ouvrage *De la littérature* (1800), Mme de Staël exigeait que Zeus cède la place à Odin et déclarait : « L'ébranlement que les chants ossianiques causent à l'imagination dispose la pensée aux méditations les plus profondes[19]. » Napoléon avait fait des poèmes d'Ossian son livre de chevet dont il ne se séparait jamais. Lors de sa fondation l'Académie celtique invoque, par la bouche de son secrétaire

perpétuel prononçant le discours d'ouverture, le travail pion-
nier de Macpherson, auquel on doit « la plus grande reconnaissance, et pour nous avoir donné cet Homère des Calédoniens,
et pour avoir donné en même temps à son siècle la première
impulsion vers la recherche des poésies et des traditions
celtiques ». Il faut dire, pour la petite histoire, qu'on fut obligé
d'ajouter une très longue note justificative au moment où fut
imprimé ce discours. Plus de deux ans s'étaient écoulés et les
doutes concernant l'authenticité du recueil de Macpherson
devenaient toujours plus forts. En fait le problème de l'authenticité des poèmes d'Ossian n'est pas pertinent. Fabriqués
presque de toutes pièces, illisibles de nos jours, ils ont rempli la
même fonction que des mythes authentiques en stimulant
l'imagination et en déclenchant des phénomènes de dévotion et
d'enthousiasme.

CHAPITRE II

L'INVENTION DES CONTES POPULAIRES
JACOB ET WILHELM GRIMM

> « *L'existence seule des contes suffit à les défendre. Une chose qui a d'une façon si diverse et toujours renouvelée, charmé, ému, instruit les hommes, porte en soi sa raison d'être nécessaire et est issue certainement de cette source éternelle qui baigne toute vie ; et s'il est vrai que ce ne soit qu'une goutte unique, contenue au creux d'une petite feuille, cette goutte pourtant étincelle des feux de la première aurore.* »
>
> W. GRIMM, *Kleinere Schriften.*

Pour Jacob et Wilhelm Grimm, la mythologie est, comme pour Herder, profondément vraie. Qu'elle se présente sous la forme de poésie épique, de chant populaire, de légende ou de conte, elle est nécessairement authentique comme le sont les créations de la nature. Il s'agit en effet d'œuvres émanant d'une *poésie de nature* qu'il faut opposer à celles de la *poésie d'art*, création individuelle alors que les premières sont collectives. La poésie de nature est supérieure à la poésie d'art, parce qu'elle est en fin de compte d'origine divine. La vérité de la mythologie n'est donc plus relative comme le pensait Herder, pour qui elle est vraie à l'intérieur du système culturel qui l'a produite et fausse à l'extérieur. Selon les frères Grimm, la mythologie possède une vérité absolue puisque divine. Sur cette idée fondamentale ils édifièrent leurs théories et élaborèrent des travaux considérables qui souffrirent moins qu'on ne pourrait le penser de ces présupposés idéologiques.

Jacob (1785-1863) et Wilhelm Grimm (1786-1859) naissent à Hanau dans la Hesse. Jacob était l'aîné d'une famille de six enfants qui perdirent tôt leur père. Il dut s'occuper des quatre derniers : cette charge fut peut-être une des raisons de son célibat. Wilhelm se maria tardivement, à quarante ans, mais ne se sépara pas pour autant de son frère aîné avec lequel il vécut et travailla jusqu'à sa mort. A un an d'intervalle, ils font des études de droit à l'Université de Marburg. Ces études, entreprises pour suivre la voie professionnelle de leur père qui était avocat et greffier, ne leur furent pas une aide dans leur vie professionnelle ultérieure, mais leur permirent de prendre connaissance des idées d'un éminent juriste, Karl von Savigny, idées qu'ils appliquèrent ensuite aux productions populaires, autres que le droit coutumier. Savigny considérait en effet que le droit se développe d'une façon en quelque sorte organique, sans la participation consciente des hommes. Aussi condamnait-il avec beaucoup de force le code Napoléon, ouvrage fabriqué de toutes pièces par des philosophes rationalistes[20].

C'est grâce à Savigny que Jacob fait un premier séjour à Paris en 1805. Il en fera un second en 1814 et 1815 pour récupérer les biens culturels pris par Napoléon. Mais les goûts des deux frères les portaient plus vers la littérature que vers le droit. En 1808, Jacob obtient à Cassel le poste de bibliothécaire particulier du roi Jérôme, puis du Prince-Electeur jusqu'en 1829. Leur intention est à cette époque d'écrire une histoire de la poésie populaire allemande, incluant sous ce terme le langage, les coutumes, les légendes, les croyances. Ils commencent à accumuler des matériaux, copiant les livres et les manuscrits qu'ils ne peuvent acheter. Par Savigny ils avaient fait la connaissance de Clemens Brentano, son beau-frère, qui parle d'eux dans une lettre adressée à Achim von Arnim en date du 19 octobre 1806 :

> « J'ai ici deux amis intimes et très, très chers, des Allemands
> de la vieille roche, du nom de Grimm, que j'ai amenés autrefois
> à la poésie ancienne, et que j'ai retrouvés après deux ans
> d'études longues, assidues, très méthodiques, si savants et si

riches en notes, connaissances personnelles et en théories de toutes sortes sur la poésie dramatique qu'en dépit de la modestie avec laquelle ils parlent du trésor qu'ils possèdent, je me sens épouvanté [...] Tu ne tarderas pas à aimer ces deux hommes excellents, qui travaillent silencieusement pour pouvoir écrire un jour une bonne histoire de la poésie allemande [21]. »

Ces patientes études aboutiront à deux publications notables, les *Kinder-und Hausmärchen (Contes de l'enfant et du foyer)* et les *Deutsche Sagen (Légendes allemandes),* dont la première constitue l'entrée du conte populaire dans le champ de l'investigation scientifique en même temps qu'elle lui donne son statut de genre littéraire spécifique. Au point que André Jolles a pu donner la définition suivante du conte populaire : c'est un récit de la même espèce que ceux que les frères Grimm ont réunis dans leurs *Contes de l'enfant et du foyer* [22]. En 1812, Jacob prie Arnim de trouver un éditeur à Berlin, disposé à publier les contes pour enfants qu'ils avaient rassemblés : « Nous irions jusqu'à renoncer à toute rétribution ; nous réserverions cela pour l'éventualité d'une seconde édition ; peu importe que l'impression et le papier soient bons ou mauvais ; dans le dernier cas, le volume serait meilleur marché donc plus aisé à écouler et plus léger ; nous n'avons qu'un souhait : c'est d'encourager par cet exemple des recueils du même genre, et c'est pour cela que nous proposerions d'y ajouter une liste des contes qui manquent ou qui demeurent incomplets ; mais en dehors de cela il n'y aurait ni commentaire ni notes [23] ». Le premier volume paraît en effet en 1812 ; le second en 1815 ; puis en 1822 un volume de variantes, notes et commentaires. Du vivant des deux frères, sept rééditions seront faites des deux premiers volumes, le troisième ne reparaissant qu'une seule fois en 1856. C'est Wilhelm qui s'occupe de ces rééditions successives, car Jacob est de plus en plus absorbé par ses travaux de philologie ; mais il le fait toujours avec l'accord de son frère.

Ce type d'entreprise n'est pas entièrement nouveau en

Allemagne ; en revanche l'objet de la collecte, sa méthode et son destin ultérieur le sont de manière absolue, déterminent un *terminus a quo* et fixent pour plus d'un siècle — jusqu'à la publication de la *Morphologie du conte* de V. Propp en 1928 — des règles pour la manipulation des contes populaires : pour l'essentiel, collecte et typologie. A cet égard la seconde publication de la jeunesse des Grimm, *les Légendes allemandes,* ne présente pas la même originalité. Il s'agit de deux volumes, parus respectivement en 1816 et en 1818, dont le premier rassemble des légendes géographiques et le second des légendes historiques. La légende n'a jamais eu le statut qui fut celui du conte durant des siècles, celui d'un objet ignoré, et ignoré parce qu'absent de l'écriture. La légende a bénéficié, jusqu'au moment où on la collecte et l'étudie de façon systématique, d'une transmission écrite : *legenda,* ce sont des « choses à lire ». On la jugeait en effet digne d'être transcrite dans la mesure où elle incluait, ou semblait inclure, des fragments d'histoire. La légende se présente toujours ancrée dans le temps ou dans l'espace — ou dans les deux. Et ces points d'ancrage se manifestent en particulier dans la présence de noms propres désignant des personnages et des lieux, qui laissaient croire à la réalité historique de ceux-ci et à la véracité du récit qui les consignait. Ce statut historique ou plus exactement pseudo-historique valut aux légendes une transmission par l'écrit qui les apparente, ou les mêle, aux chroniques.

L'unique émergence des contes dans la littérature écrite qui soit antérieure aux Grimm fut la mode introduite en France par Mlle Lhéritier, Ch. Perrault et Mme d'Aulnoye, à la fin du XVIIe siècle et qui se prolongea durant un siècle. Il s'agit d'un phénomène radicalement différent, à la fois de la transmission des légendes à travers les siècles et de l'intérêt manifesté en Allemagne au début du XIXe siècle pour cette forme de littérature orale. Ce n'est pas historiquement la première rencontre entre le conte et la littérature savante, mais c'en est une manifestation notable et étendue dans le temps. En effet à partir du XIVe siècle, en Toscane, apparaît un genre littéraire inédit, la nouvelle, dont le premier et le meilleur exemple est bien sûr le *Décaméron* de Boccace. Dans cette forme littéraire qui comporte un certain code, quelques auteurs introduisent des récits et des thèmes qui relèvent du conte populaire. Les deux recueils les plus notables de ce sous-type sont les *Piacevoli Notti* de G. F. Straparola, publié à Venise en 1550, et le *Cunto de li Cunti* de Giambattista Basile, paru en 1634-36, qu'on prit l'habitude d'appeler le *Pentaméron*. Le premier fut traduit en français assez tôt, sinon très fidèlement, sous le titre de *Les Facétieuses nuits* (1560 et 1572) ; le second ne le fut pas, en raison, probablement, des difficultés de la langue, car il est écrit dans un dialecte napolitain que les Italiens comprennent eux-mêmes avec peine. Il est difficile de dire s'il s'agit d'occurrences isolées ou de signes avant-coureurs de la mode qui envahit la France et l'Europe à la fin du xviie siècle. Mlle Lhéritier, nièce de Charles Perrault, inaugure véritablement le genre en France, prétendant avec beaucoup d'insistance qu'il s'agit de récits lui venant de ses nourrices [24]. En réalité, on n'y retrouve que deux ou trois thèmes de tradition véritablement orale, l'ensemble étant noyé dans des développements et un style relevant de la pire littérature précieuse. *Les Histoires ou Contes du temps passé* paraissent sans nom d'auteur en 1697, avec un privilège du roi accordé au sieur Darmancour. Pierre Darmancour est le fils de Charles Perrault : il est né en 1678. Le recueil comprend huit contes en prose et trois en vers : sept de ces récits sont empruntés à la tradition orale (*Peau d'Ane, les Fées, Cendrillon, le Petit Chaperon rouge, la Barbe-Bleue, le Chat Botté, le Petit Poucet*), deux autres comportent des éléments merveilleux (*la Belle au bois dormant, Riquet à la Houppe*) ; les deux derniers sont connus respectivement par le fabliau (*Les Souhaits ridicules*) et la littérature de colportage (*Grisélidis*) [25].

La mode s'enrichit d'une inspiration orientale grâce à la traduction parue en 1704 des *Mille et une nuits* par Galland et qui permit d'enjoliver d'un habillage nouveau le cadre de beaucoup de ces récits. Une importante publication, intitulée

Le Cabinet des Fées, publiée à Genève et Amsterdam de 1785 à 1789, rassemble la plupart des recueils épars du siècle et marque la fin de cette mode. Il s'est agi en effet d'une manifestation de mondanité affectant un groupe social bien spécifique, celui des salons littéraires, qui lui donne ses caractères de phénomène instable, relativement éphémère, à visée élitaire et dont le code est arbitraire. Il est significatif que le phénomène se soit infléchi également vers la parodie, alors que la deuxième moitié du XVIIe siècle l'a connue également. Qu'on pense au *Virgile travesti* de Scarron (1648) et à la transcription burlesque du VIe Livre de *l'Enéide* dont l'auteur est précisément Charles Perrault. La mythologie de l'Antiquité perd de ses attraits parce qu'elle a été trop ressassée. Dans un premier temps on la parodie, on la transcrit de manière burlesque pour montrer qu'on a perdu tout respect envers elle, qu'elle est sans doute encore un objet de divertissement, mais d'un divertissement cocasse et distancié. On recourt ensuite à d'autres matériaux, ceux de la tradition orale contemporaine, qui devient un nouvel aliment pour les jeux littéraires de ces mondains qui font de la littérature un divertissement de salon. A cet effet ils consomment des matériaux mythiques là où ils les trouvent : d'abord dans la mythologie grecque et romaine, puis dans les « contes de fées », puis dans les récits orientaux. Et toutes ces modes finissent dans la parodie. Si l'inspiration de ce jeu mondain se cherche particulièrement dans les matériaux mythiques, c'est que ceux-ci sont éminemment aptes à exciter l'imagination, à satisfaire l'imaginaire de gens sans véritable talent ni inspiration. Comme il s'agit d'une mode, que la mode ignore le véritable objet de sa quête et qu'elle consomme beaucoup de matériaux — elle est boulimique —, elle finit par anéantir son objet, dont la véritable nature lui était restée complètement ignorée et étrangère. De cette mode, la France a mis près d'un siècle à se remettre. L'Académie celtique et la Société des Antiquaires qui — on le verra — découvre les traditions populaires au début du XIXe siècle, ignorent presque totalement la littérature orale. Les travaux et les collectes ne débuteront vraiment en France que dans la seconde moitié du xixe siècle, en même temps que le renouveau de portée nationale du folklore.

Mais dans cette mode aux conséquences désastreuses, il faut faire une place à part aux *Histoires ou Contes du temps passé* de Perrault, qui sera seul capable de rendre, grâce à la simplicité et à la naïveté apparente de son style, un équivalent littéraire du discours de la tradition orale. Il faut créditer Perrault d'une intuition, restée sans doute inconsciente chez lui, de la véritable nature des contes populaires, de leur structure propre et de leur contenu mythique. Il se sent obligé de justifier sa démarche dans sa préface par une intention pédagogique. Certes, dit-il, la matière de ces fables ne semble pas avoir la moindre importance. Mais ces bagatelles ne sont pas de pures bagatelles. Elles en prennent l'apparence pour faire mieux passer une morale utile. On peut les comparer à cet égard aux fables de l'Antiquité. Dans ces contes inventés par nos aïeux pour les enfants, on voit que la vertu est toujours récompensée et le vice puni. « Ils tendent toujours à faire voir l'avantage qu'il y a d'être honnête, patient, avisé, laborieux, obéissant, et le mal qui arrive à ceux qui ne le sont pas. » Mais pour être sûr qu'on ne passera pas à côté de cette leçon qui ne se dégage pas toujours très clairement — c'est le moins qu'on puisse dire —, Perrault donne lui-même une moralité au conte, parfois même deux. Il reconnaît cependant que ces fables sont « frivoles et bizarres », mais cette frivolité et cette bizarrerie sont des formes qui conviennent précisément aux enfants encore incapables d'assimiler des vérités présentées sans agrément. Le mérite que Perrault reconnaît aux contes l'oblige du même coup à les enclore dans les limites de la littérature destinée à l'enfance.

On s'aperçoit donc que le petit nombre de contes passés dans l'écrit à partir du xvie siècle a été transcrit et utilisé par la littérature, alors que les légendes ont été recueillies de façon plus massive par l'histoire. Les Grimm ne disposeront donc pas de véritables recueils déjà publiés, où puiser la matière de leur ouvrage. Ils trouveront la majorité des contes qu'ils publient dans la tradition orale. Sans sortir de Cassel ils découvrent un grand nombre de récits inédits pour eux. Ils commencent à interroger leurs amis qui retrouvent leurs souvenirs d'enfance, puis des servantes, des paysans des environs de la ville. Très vite récits et variantes s'accumulent. Cette seule collecte dans le comté de Hanau en Hesse leur fournit la matière du premier volume. Dans le second ils incluent des matériaux qui leur parviennent d'autres provinces, en particulier de la région de Münster grâce à des amis. Mais ils découvrent une informatrice privilégiée en la personne d'une paysanne des environs immédiats de Cassel, que Wilhelm décrit en ces termes :

« Par un heureux hasard nous fîmes la connaissance d'une paysanne de Zwehrn ; c'est par elle que nous avons pu avoir une partie considérable des contes publiés ici, contes proprement hessois par conséquent, de même qu'un certain nombre d'additions au premier volume. Cette femme, qui est encore vigoureuse et n'a dépassé qu'à peine la cinquantaine, s'appelle Viehmännin ; elle a un visage énergique et agréable, un regard clair et pénétrant, et il est probable que dans sa jeunesse elle était belle. Elle conserve ces vieilles légendes fermement en sa mémoire, et c'est, dit-elle, un don qui n'est pas accordée à tout le monde ; [...] avec cela elle raconte d'une façon réfléchie, sûre et extrêmement vivante, en prenant elle-même plaisir à l'histoire, d'abord d'une façon courante, puis, si on le désire, en répétant lentement, si bien qu'avec quelque entraînement on peut écrire sous sa dictée. Plus d'un passage a été de cette façon textuellement conservé et on ne pourra pas ne pas en remarquer le ton de vérité[26]. »

La dernière phrase implique qu'ils donnaient aux récits collectés par eux une nouvelle rédaction. Ils n'avaient en effet pas le respect scrupuleux de la version livrée par l'informateur qu'ils considéraient souvent comme grossière. Ils n'hésitaient pas non plus à fondre en une version syncrétique deux ou trois variantes se complétant l'une l'autre. Mais les modifications formelles introduites par eux n'altèrent pas l'organisation narrative des contes : ils étaient capables de distinguer les éléments du récit susceptibles d'être modifiés sans dommage et ceux qui sont fondamentaux et immuables. Rien pourtant dans leur théorie explicite ou implicite ne leur fournissait un tel critère. On se rangera à l'avis de Tonnelat qui parle à ce propos d'intuition poétique ; mais il ne faut pas oublier que cette intuition est faite d'une longue et intime pratique. Tonnelat va jusqu'à se féliciter de ce travail de rédaction fait par les Grimm : « En fait ils donnèrent [au conte] une pureté et un charme qu'il n'avait sans doute jamais eus avant eux. C'est surtout depuis qu'ils ont été révisés et rédigés par les Grimm que les contes sont devenus vraiment populaires [27]. » Cette réécriture littéraire de talent a plus exactement permis de faire admettre, dans une conjoncture historique favorable, un objet de divertissement et de savoir entièrement inédit.

Et cependant le prédécesseur immédiat des Grimm dans cette entreprise de collecte et de publication de la poésie populaire, Clemens Brentano, critiqua vivement le style des contes qu'il jugea trop familier et trop vulgaire : « Quand on veut montrer un vêtement d'enfant, on peut le faire en toute vérité sans en présenter un dont les boutons soient arrachés, qui soit barbouillé d'ordure et où la chemise pende hors du pantalon [28]. » La verve de la métaphore est pleine d'intérêt : il s'agit d'enfermer le conte dans le cercle de l'enfance et de la famille. A cet égard, les Grimm ne font rien d'autre lorsqu'ils intitulent leur recueil *Contes de l'enfant et du foyer*, de la même façon que Perrault assigne les mères-grands, les nourrices et les enfants comme agents de la transmission des récits. La reconnaissance de la trivialité de l'objet d'étude a pour intention implicite de se ménager l'indulgence du lecteur, alors que la relégation du conte, d'une part dans une pratique destinée à l'enfance et d'autre part dans une étude théorique réservée aux historiens de la littérature et aux philologues, permet de maîtriser un objet dont la séduction serait redoutable. On sait que dans sa tradition vivante le conte était destiné à l'ensemble de la communauté sociale, adulte et enfantine. A partir des Grimm le clivage entre la destination de l'objet et son étude est entériné sans doute de manière définitive. Il faut voir aussi dans ce phénomène, dont on pourrait trouver d'autres exemples, l'effet d'un ultime effort pour la conservation du folklore. En faisant des enfants les derniers gardiens de la tradition, on espère qu'elle pourra encore se transmettre, en même temps qu'on avoue sa naïveté.

Une question plus grave devait séparer les deux frères de l'ami et beau-frère de Brentano, von Arnim. Il mit en doute la fidélité des Grimm au texte oral : « Vous ne me ferez jamais croire, Wilhelm et toi, même si vous le croyez vous-mêmes que les contes aient été notés par vous exactement comme vous les avez entendus ; le besoin de former, de continuer à créer, l'emporte dans l'homme sur toutes les intentions préconçues, et c'est, somme toute, un besoin ineffaçable. Dieu crée, et l'homme, son image, s'efforce de poursuivre son œuvre. Le fil n'est jamais rompu, mais nécessairement on voit toujours apparaître une nouvelle sorte de lin[29]. » On saisit là — remarquons-le au passage — le statut ambigu des productions folkloriques qui, sitôt recueillies, sont considérées successivement, mais souvent aussi simultanément, à la fois comme authentiques mais vulgaires, et comme altérées, corrigées mais séduisantes. Derrière cette remarque d'Arnim, qui n'était à ses yeux nullement péjorative puisqu'il considérait les Grimm comme de véritables créateurs, il y avait un problème théorique capital qui le séparait fondamentalement, ainsi que Brentano, des deux frères : celui de la poésie d'art et de la poésie de nature. La distinction provient de Herder qui considère la poésie de nature comme le mode d'expression de l'humanité primitive, apte à faire sentir et comprendre l'univers visible. Les modernes ont perdu la conception métaphorique et anthropomorphique de l'univers à vouloir trop philosopher. Cette idée de Herder aura une double postérité : d'une part chez les Grimm, d'autre part chez Schelling et dans un texte intitulé *Plus ancien programme systématique de l'idéalisme allemand*. Ce texte qui est peut-être de Schelling, mais qui fut copié en 1796 par Hegel, demande une nouvelle mythologie ·

« Mais cette mythologie doit être au service des idées, elle doit devenir une mythologie de la raison. Les idées qui ne se présentent pas sous une forme esthétique, c'est-à-dire mythologique, n'ont pas d'intérêt pour le peuple, et inversement une mythologie qui n'est pas raisonnable est pour le philosophe un objet de honte. Ainsi les gens éclairés et ceux qui ne le sont pas finiront par se donner la main, la mythologie doit devenir philosophique, afin de rendre le peuple raisonnable, et la philosophie doit devenir mythologique, afin de rendre les philosophes sensibles. Alors on verra s'instaurer parmi nous l'unité éternelle [30]. » Cette utopie, qui permettrait de joindre de la façon la plus heureuse la raison et le mythe, ne pouvait qu'être catégoriquement rejetée par les Grimm. Pour eux, en effet, c'est une différence de nature qui sépare poésie d'art et poésie de nature. Arnim considérait les auteurs de la poésie populaire comme des hommes semblables aux poètes d'aujourd'hui. La position des Grimm sur ce point est radicale ; la poésie de nature n'a pas d'auteur : « Je ne saurais concevoir qu'Homère ait existé ni que le *Nibelungenlied* ait un auteur », déclare Jacob Grimm dans une lettre à Arnim. La question de l'authenticité controversée des poèmes d'Ossian trouve ainsi une solution aisée. Ils ne peuvent être l'œuvre de Macpherson, ni même du barde Ossian qui est, comme Homère, une simple incarnation de la puissance poétique présente chez les peuples primitifs. Aux yeux de Wilhelm Grimm cependant les poèmes d'Ossian n'ont pas la grandeur épique de la *Chanson des Nibelung :* certes le fond en est ancien et authentique, mais ils ont été recueillis à une date trop récente, après avoir subi trop de remaniements. « Il n'y a pas de doute que ce ne soient là d'anciennes légendes héroïques, nées d'une façon vivante parmi le peuple ; la puissance et la force d'émotion qui leur sont toujours propres s'y reconnaissent bien ; néanmoins on dirait que ces légendes ont été abandonnées à la réflexion d'un homme unique [31]. »

La question se pose alors de savoir comment et par qui a été composée la poésie populaire, puisqu'elle n'a pas d'auteur individuel : les poètes dont on a conservé la mémoire comme Homère et Ossian n'étant que des figures mythiques destinées à incarner la force poétique des peuples primitifs. A cet égard il n'est pas étonnant qu'on les représente souvent comme aveugles : ce trait qui leur est prêté signifie que « le regard de leur esprit était uniquement tourné vers la source pure, immatérielle, divine de la poésie ». Si la poésie populaire n'a pas d'auteur, c'est parce qu'elle se compose d'elle-même, dans l'homme et à son insu. Elle est comme un être organique et la meilleure façon de comprendre sa création et son développement, c'est de la comparer aux plantes.

« La poésie s'est comportée ici à peu près comme une plante : la frondaison d'un arbre qui s'offre en ce moment à nos regards est née des branches qui se trouvent au-dessous, et celles-ci sont sorties du tronc, qui touche encore la terre ; ou bien lorsque sur l'aloès des feuilles nouvelles poussent, d'autres se fanent au-dessous : on peut dire que les nouvelles sont les mêmes que les anciennes en ce qui regarde leur contenu et leur essence, et que la forme seule est nouvelle. La comparaison ne convient pas tout à fait, parce qu'une plante reparaît *exactement dans la même forme* et l'esprit humain au contraire toujours dans une forme *modifiée*. Aussi ferais-je mieux de comparer cette transformation des chants avec la transformation de la langue elle-même ou avec celle des hommes [32]. »

Les métaphores que les deux frères utiliseront constamment, pour faire comprendre que la poésie populaire est un être organique autonome, font appel à la comparaison respectivement avec les plantes et avec le langage. Personne ne sème les plantes sauvages, de même que le langage n'a pas été créé par un être humain : il fonctionne dans une indépendance presque complète par rapport à la volonté consciente des hommes, qui peuvent certes y apporter quelques modifications. Mais le langage et la poésie de nature vivent dans les hommes et dans leur histoire, bien qu'ils se soient formés d'eux-mêmes. En ce qui concerne les légendes par exemple, on peut voir qu'elles étaient à l'origine « une révélation spontanée de la nature » et qu'elles évoluent en se localisant toujours plus, en s'inscrivant toujours dans l'espace, mais aussi dans le temps, propres à chaque groupe ou chaque population. A l'origine tous les peuples ont reçu la même révélation ; on peut discerner sous les arrangements divers, dont les peuples ont revêtu leurs récits, le fond narratif identique. Ainsi la légende des deux guerriers liés d'une étroite amitié, qui se sacrifient l'un pour l'autre ; celle d'innocents condamnés à mort qu'un serviteur pris de pitié épargne au milieu de la forêt. Les noms propres diffèrent ainsi que la mise en œuvre narrative. On peut expliquer de cette manière pourquoi l'épopée est à la fois identique en son fond et multiple dans ses manifestations nationales et locales.

« La plus ancienne histoire de chaque peuple est légende populaire ; toute légende populaire est épique ; l'épopée est une histoire du passé ; histoire du passé et poésie du passé se confondent nécessairement l'une avec l'autre ; dans l'une et dans l'autre apparaît en raison même de leur nature la plus parfaite innocence ; mais de même qu'il est impossible de traiter la légende ancienne suivant les procédés qui s'imposent pour l'histoire moderne (laquelle contient peut-être plus de vérité dans les détails, tandis que dans les légendes domine, en raison de leur caractère fragmentaire, une vérité saisissante dans la façon de rendre l'impression générale causée par l'événement), de même il est absurde de vouloir inventer une épopée, car il est nécessaire que toute épopée se compose elle-même et ne soit pas écrite par un poète ; j'en veux pour preuve l'abondance des essais manqués dans toutes les nations ; de ce caractère populaire de l'épopée résulte ce fait qu'elle ne peut naître nulle part ailleurs que dans le peuple, puisque c'est parmi le peuple que les événements historiques se passent [33]. »

De la même manière les contes populaires, qui, très proches des légendes épiques, s'en distinguent seulement par un ton plus familier, reflétant la vie simple du peuple, sont issus d'une même inspiration de nature et ont pris chez les divers peuples indo-européens des arrangements différents. Mais on peut retrouver, sans qu'il soit nécessaire de recourir à l'idée de l'emprunt de peuple à peuple, le schéma narratif fondamental sous les variantes. Les particularités de l'histoire de chaque peuple leur ont imposé leur sceau personnel.

L'origine et le fonctionnement de cette poésie, différenciée en genres littéraires, sont donc analogues à ceux des organismes naturels. Les Grimm empruntent leurs métaphores à la nature. Ainsi la poésie véritable est toujours en rapport avec la vie dont elle est issue et à laquelle elle retourne, comme les nuages remontent au lieu de leur formation après avoir abreuvé la terre. La manière dont les choses se sont faites n'est pas plus « mystérieuse que les eaux qui se rassemblent en une rivière pour couler ensemble ». Les contes sont porteurs d'une vérité objective et même d'une leçon pratique bien qu'ils n'aient pas été inventés pour cela : mais cela ressort d'eux-mêmes « comme un bon fruit sort d'une fleur saine ». C'est aussi dans la nature humaine que cette poésie trouve son expression. Pour Jacob Grimm — qui se montre théoricien plus hardi que son frère — les règles de la métrique ne relèvent pas d'une création de l'homme, donc de son arbitraire : elles proviennent d'une nécessité naturelle profonde. Le rythme de la poésie est un rythme vital, consubstantiel au rythme de la respiration, du pouls, de la marche. J. Grimm revient à la comparaison avec le monde végétal pour rendre raison de l'existence de la construction des strophes de la poésie épique en trois parties, les deux premières semblables et la troisième, différente. Il faut véritablement considérer cette construction comme organique. On trouve dans la nature de nombreux exemples de ce genre ; il privilégie celui de la feuille de trèfle, au point qu'il en fit graver une représentation en tête d'un essai sur la poésie des *Meistersänger*, en expliquant ses raisons. « Le trèfle symbolise admirablement la triple structure, puisque du milieu de deux feuilles semblablement disposées s'élève une troisième qui est portée par elles et qui les couronne. » Une fois de plus le recours à la métaphore servait de démonstration.

Pour rendre compte de l'origine ultime de la poésie de nature, Jacob Grimm fera appel non seulement à la comparaison et à la métaphore, mais aussi à la mystique et à la foi religieuse. L'expérience, la pratique intime de la poésie populaire montrent qu'en effet elle semble vivre, fonctionner, se développer en dehors de toute volonté humaine, bien que dans les hommes. Et à cet égard l'analogie avec le langage est ici pertinente. Mais la question se pose alors d'où vient le langage et d'où vient la poésie populaire. Ils viennent, en dernière analyse, dit Jacob Grimm, de Dieu ; ils sont des révélations divines. Si l'on croit en Dieu, on doit croire aussi que la poésie est d'essence divine. Il écrit à Arnim : « Si tu crois avec moi que la religion est sortie d'une révélation divine, que le langage a une origine tout aussi merveilleuse et n'a pas été constitué par l'invention humaine, il te faut par suite nécessairement croire et sentir que l'ancienne poésie et ses formes, que la source de la rime et de l'allitération est apparue semblablement d'un bloc, et qu'il n'y a pas à faire entrer en ligne de compte des ateliers poétiques ou des plans réfléchis de poètes isolés [34]. » Cette idée est chez les Grimm un a priori fondamental qui — remarque fort justement Tonnelat — n'apparaît pas comme un ultime argument, faute de disposer de preuves historiques. « L'affirmation mystique, religieuse précède l'interprétation positive des faits et la détermine. » Arnim ne se montre toujours pas convaincu de l'origine supra-humaine de la poésie de nature et finit même par dire qu'il considère la différence entre poésie de nature et poésie d'art comme une simple plaisanterie, une rêverie, une illusion issue, comme la poésie elle-même, de l'imagination humaine. Ce déni atteint Jacob Grimm au plus profond de ses convictions. Il envoie à Arnim une longue réponse, qui est tout autant une profession de foi qu'une argumentation scientifique. Il rappelle d'abord que tout son travail tend à montrer qu'il a existé autrefois une grande poésie épique, qui semble avoir été ensuite oubliée, bien que les hommes s'y alimentent encore parfois sans le savoir. Il développe sa conviction en cinq points successifs. En premier lieu, il compare une fois de plus la poésie de nature au langage. Celle-là a disparu, mais il en reste des notions au cœur de chaque homme de la même façon que le langage est passé de la perfection poétique à l'habileté philosophique. L'évolution de la poésie de nature et du langage, qui est lui aussi une révélation divine, va du mythique au rationnel. Mais le poétique, le mythique, le merveilleux ne se perdent jamais complètement. Jacob Grimm prend soin d'ajouter qu'il ne faut pas prendre à la lettre la comparaison entre poésie et langage : il n'assimile pas l'une à l'autre. Deuxième point : le mythique n'est pas une illusion ; c'est une vérité divine. Plus on s'en approche, plus il prend un caractère sacré jusqu'à nous forcer à la prière : il ne s'évanouit pas à la manière d'un brouillard. C'est pourquoi l'épopée n'est pas seulement l'histoire des hommes : c'est aussi une histoire divine, une mythologie. Il n'y a pas de contradiction en cela, puisque le divin se prolonge en l'homme. « Bien que nous soyons tous en Dieu, lequel n'a pas d'histoire, l'histoire pourtant repose dans les choses humaines, et l'épopée est, comme notre vie même, un témoignage de cette admirable association. » Il s'ensuit en quatrième lieu que les procédés de l'histoire de la poésie et ceux de l'histoire tout court sont inverses. Celle-ci est d'autant plus claire qu'elle se rapproche de notre époque ; celle-là, qu'elle s'éloigne de nous et nous entraîne dans l'Antiquité. Et enfin, cinquièmement « étant donné, comme je l'ai déjà dit, que la poésie ancienne n'a pu être inventée en son fond, pas plus que ne l'a pu être une religion, mais qu'au contraire toutes les mythologies, en fin de compte, sont issues d'une mythologie vraie et divine, et ne font toutes, sous des images différentes, que nous ramener à un modèle unique, il s'est produit dans la grande croyance naïve et inconsciente du peuple une multiplication de l'épopée, qui s'est répandue dans la vie et dans l'histoire des hommes, en faisant leur bonheur. Mais cette expression variée de la légende est encore séparée par un monde de ce qu'un poète moderne, fût-il le plus grand de tous, est capable de produire [35] ».

On a pu remarquer que, sous le terme de « poésie de nature », les Grimm incluaient des genres littéraires différents, le mythe, la légende, la poésie épique, le chant populaire, le conte. Non qu'ils ne sachent pas les reconnaître chacun pour ce qu'il est formellement, ayant parfois même contribué à les différencier. Mais ces genres peuvent être légitimement confondus, puisque leur contenu est, à des degrés divers, de même nature : ils participent tous de la nature du mythe. En ce qui concerne les contes, ils s'en expliquent en premier lieu dans l'édition de 1819 : « Il convient de reconnaître ici des *mythes allemands* anciens, perdus, auxquels on a cru, mais qui perdurent sous cette forme. Celui à qui la nature des mythes n'est pas étrangère sait que chez tous les peuples ils ont été fréquemment présentés sous forme de contes, et que souvent, en raison de l'esprit propre à certaines époques, on ne pouvait les saisir d'une autre manière. » Dans la postface de l'édition de 1856, Wilhelm Grimm précise la manière dont les contes participent de la nature du mythe.

« Communes à tous les contes sont les survivances (*Uberreste*) d'une croyance remontant aux temps les plus anciens et qui exprime figurativement sa manière d'interpréter les choses supra-sensibles. Ces éléments mythiques (*Dies Mythische*) ressemblent aux petits morceaux d'une pierre précieuse éclatée qui seraient éparpillés sur le sol recouvert d'herbes et de fleurs et que seul un regard plus perçant que les autres peut découvrir. Leur signification s'est perdue depuis longtemps, mais elle se manifeste encore sensiblement ; c'est elle qui fait la teneur du conte et qui, en même temps, satisfait notre goût naturel du merveilleux. Ces petits fragments ne sont jamais le simple jeu de couleurs d'une imagination sans contenu. Plus nous remontons dans le temps, plus nous voyons s'étendre le mythique (*das Mythische*), qui semble avoir constitué le fond (*Inhalt*) unique de la plus ancienne poésie [36]. » Ce texte capital définit très clairement la conception que se font les Grimm du conte populaire, sans qu'ils aient besoin de faire appel à la notion de poésie de nature dont l'idéologie et le mysticisme sous-jacents oblitèrent le bien-fondé. Les contes sont donc des survivances, des débris, des « superstitions » au sens étymologique du terme, de croyances anciennes maintenant disparues et qui trouvent une expression figurative, sensible, dans l'affabulation d'un récit organisé en motifs. Cette croyance s'attachait à une réalité supra-sensible dont la signification qui semble disparue perdure encore sous cette forme figurative. Il est difficile non seulement de l'interpréter, mais même de l'apercevoir, car elle se présente alors comme éclatée — menus morceaux d'une pierre précieuse éparpillés dans l'herbe parsemée de fleurs, selon la métaphore de Wilhelm Grimm. Cette fragmentation du contenu mythique provient du fait que le conte, étant un organisme vivant, évolue sans cesse, élimine d'anciennes croyances devenus incompréhensibles, en intègre de nouvelles et voit de cette manière sa configuration se modifier dans l'histoire. Mais plus on remonte dans le temps, plus le « mythique » prédomine jusqu'à constituer l'essentiel, le « fond unique ». En outre, cette matière mythique, présente dans les contes à l'état fragmenté, satisfait notre goût du merveilleux. Et il faut prendre ce terme de merveilleux, non pas dans un sens littéraire vague, mais à la façon dont il désigne actuellement une certaine catégorie de contes — ceux qui vont du n° 300 au n° 749 dans la typologie d'Aarne et Thompson : le merveilleux désignant alors le « mythique » rendu de façon figurative dans et par la narration.

Cette conception de la nature du conte populaire sera celle qu'adopteront les savants du xixe siècle et d'une bonne partie du xxe siècle. Loin d'être fausse, elle comporte cependant un facteur d'infléchissement que la postérité des Grimm accentuera largement. Ils avaient vu, non sans justesse, que le conte populaire est une narration d'un certain type, constitue donc un genre littéraire, dont une partie du contenu est de nature mythique. Mais ils faisaient provenir ce « mythique » d'un fond ancien, primitif, affleurant çà et là dans le récit, ayant tendance à s'éroder au fur et à mesure que le temps s'écoule et qu'on s'éloigne toujours plus de la source ancienne de la poésie de nature. Dans la postérité des Grimm, cette hypothèse constituera le point de départ de vaines recherches, inaugurées par eux-mêmes, et s'assortira d'un jugement de valeur porté sur les contes populaires et le folklore en général, jugement péjoratif auquel, en revanche, ils ne se seraient jamais associés. Les savants du xixᵉ siècle ont en effet considéré le folklore comme un produit de dégénérescence du mythe, qui s'érode et s'abâtardit au cours des siècles et auquel il faut remonter pour trouver une forme pure et noble. Cette manie historisante se mêlera à tous les travaux sur le mythe et le folklore, qui trouveront là une raison supplémentaire d'être associés.

Les Grimm ne se contentent pas d'affirmer que les contes populaires sont issus de la mythologie ancienne. Ils ne tentent pas de le démontrer car c'est pour eux une évidence qui ne nécessite pas de preuves, mais ils donnent des exemples de cette évidence. Le trait le plus frappant de la présence du mythique dans les contes, c'est le fait que la nature y est animée. « Comme dans les mythes qui parlent de l'âge d'or, toute la nature est pleine de vie ; le soleil, la lune et les étoiles fréquentent les hommes, leur font des cadeaux, ou souffrent même qu'on les tisse sous forme de vêtements ; dans les montagnes les nains cherchent activement le métal ; dans l'eau dorment les nixes ; les oiseaux (et parmi eux les colombes sont les plus aimées et les plus secourables), les plantes, les pierres parlent et savent exprimer leur compassion ; le sang lui-même crie et parle, et c'est ainsi que cette poésie exerce déjà des droits que la poésie ultérieure ne cherche à mettre en œuvre que dans les métaphores [37]. » Outre les colombes, les corbeaux sont des oiseaux qui savent tout ce qui se passe sur la terre et qui en informent les personnages qu'ils protègent : on pense, bien sûr, aux corbeaux d'Odin. Certains oiseaux sont aussi des humains, telles les femmes-cygnes qui deviennent humaines en se défaisant de leur habit de plumes. Une autre caractéristique appartenant aux mythologies et aux religions anciennes se retrouve dans les contes. C'est l'opposition tranchée entre le bon et le mauvais que la narrativité propre au conte rend souvent comme l'opposition du blanc et du noir. Les croyances païennes ont une persistance telle qu'elles ont réussi à contaminer parfois des éléments chrétiens introduits dans les contes. Par exemple Dieu, ses saints, la Mort, le Diable s'y présentent comme des divinités païennes. Dieu voyage incognito à travers le monde, comme le fait Odin, enveloppé de son manteau bleu. Ces personnages chrétiens sont parfois mis en échec par la ruse des hommes. L'enfer chrétien est comme le monde souterrain où les nains conservent des trésors. On reconnaît aisément des figures païennes dans d'autres personnages des contes : les trois fileuses, ce sont les trois Nornes ; Frau Holle, c'est l'ancienne déesse de la terre ; la Belle au bois dormant, c'est Brünhilde endormie au milieu d'une muraille de flammes et réveillée par Siegfried. Les nains et les géants symbolisent les forces de la nature et leurs effets grandioses à long terme.

Ces rapprochements ne sont bien sûr pas arbitraires, mais les implications qu'y mettent les Grimm sont plus difficilement acceptables. Les thèmes et motifs des contes qu'ils relèvent proviennent nécessairement à leurs yeux de mythes anciens, dont ils sont comme un produit de décomposition. En réalité, il s'agit d'éléments mythiques proches par la forme et par le sens, mais dont rien n'assure qu'ils procèdent historiquement les uns des autres. D'ailleurs ils se présentent rarement dans des séries narratives comparables : les trois fileuses du conte type n° 501 ont une fonction narrative différente de celles des Nornes dans la mythologie scandinave, bien qu'on puisse éventuellement les en rapprocher par le biais d'une signification plus profonde, relevant alors du symbolisme et non pas de la fonction narrative. Mythe et conte sont des genres littéraires de tradition orale, appartenant en Europe à des époques histori-ques et à des états de société différents et dont les fonctions respectives ne sont pas les mêmes. La différence la plus notable entre eux, c'est sans doute que le mythe peut s'avouer comme tel — la charge de sacré qu'il véhicule va de soi, en quelque sorte —, alors que le conte est obligé de dissimuler la part de mythique qu'il fait entrer dans son affabulation, de manière à ce que tout caractère sacré et tout effet de croyance en soient apparemment absents. En effet les contes populaires, et particulièrement les contes merveilleux, ne pouvaient se tailler qu'une place bien modeste dans un champ religieux et idéologique occupé autoritairement par le christianisme.

Il reste cependant que les Grimm — et c'est là un de leurs apports essentiels — sont profondément persuadés de la réalité du mythe, ou du mythique, de quelque manière qu'il se manifeste. Cherchant à faire partager cette croyance, Jacob Grimm utilise une fois de plus une comparaison significative avec le langage. Dans la préface de la seconde édition (1844) de la *Deutsche Mythologie*, il déclare : « On peut dire en toute impartialité que nier la réalité de cette mythologie, c'est comme mettre en doute la grande ancienneté et la continuité de notre langue : à toutes les nations une croyance dans des dieux était aussi nécessaire que le langage. Personne ne songerait, devant l'absence ou la rareté des témoignages, à prétendre que nos ancêtres n'utilisaient pas leur langue, ne la transmettaient pas. Et cet argument est utilisé pour dépouiller notre paganisme de tout son contenu. » Grimm affirme que le mythe est à beaucoup d'égards *comme* le langage, consubstantiel lui aussi à l'humanité. Max Müller, on le verra, affirmera que le mythe, c'est le langage, mais le langage quand il se fourvoie, s'oublie lui-même, quand il devient pathologique. A une génération d'intervalle, la même prémisse — la parenté d'origine et de fonctionnement entre langage et mythe — conduira Max Müller à des conclusions profondément pessimistes par rapport à la jubilation, sans doute un peu naïve, exprimée par les Grimm, convaincus d'avoir affaire à des expressions diverses de la révélation divine.

Les travaux des frères Grimm concernant les contes populaires sont à l'origine, on l'a dit, de toutes les recherches ultérieures puisqu'ils révèlent cet objet d'étude et de divertissement, lui donnent son statut de genre littéraire et démontrent sa valeur et son intérêt profonds. Ils seront les instigateurs des collectes entreprises au XIXᵉ siècle et continuées au XXᵉ siècle dans une grande partie des nations européennes. Toutes ces recherches aboutissent un siècle environ après la première

édition des *Kinder-und Hausmärchen* à deux entreprises fonda-
mentales qui développent et systématisent le travail de collecte
des deux frères, sans guère se préoccuper de leurs hypothèses
théoriques. Il s'agit en fait de recherches proches l'une de
l'autre, puisqu'elles sont issues toutes deux de la constatation,
faite déjà par les Grimm, de la parenté de ces récits lorsqu'on
les compare de pays à pays dans toute l'Europe. Deux
chercheurs allemands, Johannes Bolte et Georg Polivka, accumulent un nombre considérable de variantes de la collecte
initiale des Grimm, démontrant ainsi que le nombre des récits
est considérable alors que les schémas narratifs sont en quantité
beaucoup plus réduite[38]. Ils révèlent de cette manière la
richesse fabuleuse — l'adjectif est ici bien à sa place — de cette
littérature orale. Ils s'efforcent en outre de retrouver le pays
d'origine de chacun de ces contes. A peu près à la même
époque, un Finlandais, Antti Aarne, partant de la double
constatation que les textes recueillis sont d'une grande variabi-
lité et qu'ils présentent entre eux des ressemblances indénia-
bles, propose la notion de *conte type*, c'est-à-dire une organisation particulière de motifs qui se retrouve dans un certain
nombre de récits, les variantes, dont les différences sont trop
peu importantes pour altérer l'agencement général et en
particulier la séquence des motifs[39]. Il propose alors cinq cent
cinquante contes types, nombre qui devait s'accroître considérablement avec le développement des collectes dans les différents pays d'Europe : la dernière édition de la typologie,
publiée en 1973 par l'Américain Stith Thompson qui poursui-
vit l'œuvre de Antti Aarne, comprend 2 340 types[40]. Cette
typologie fonctionne admirablement bien pour les contes de
tous les pays d'Europe, et même au-delà de l'Europe, et permet
le classement de collectes immenses aboutissant aux catalogues
nationaux. Elle rend possible la comparaison des variantes
entre elles, ainsi que la mise en œuvre de monographies : les
spécialistes du conte disposent ainsi d'un outil et d'un langage
communs.

Mais dès lors on ne s'interroge plus guère sur la nature et le contenu du conte. Les problèmes théoriques qui préoccupent le plus les spécialistes sont des problèmes formels, en particulier celui de la nature du conte en tant que genre littéraire. A cet égard, André Jolles avance des positions où l'on peut sentir encore l'influence des Grimm[41]. A propos de la « Forme simple » que serait, entre autres, le conte, il avoue se sentir tout à fait au cœur du problème en évoquant la polémique entre Arnim et Jacob Grimm à propos de la poésie de nature et de la poésie d'art. Mais il faut d'abord dire ce qu'il entend par Forme, et ensuite par Forme simple. Il prend le mot Forme dans le sens que lui donnait Goethe, « connexion des parties d'un être réel, qui s'est close et fixée dans son caractère », abstraction faite des aspects mobiles. En littérature on connaît, bien mal d'ailleurs jusqu'à présent, des Formes simples, c'est-à-dire des Formes « qui se produisent dans le langage et qui procèdent d'un travail du langage lui-même, sans intervention, pour ainsi dire, d'un poète[42] ». Il existe une différence radicale du point de vue des lois de formation entre les Formes simples et celles qu'on peut dire artificielles : les secondes sont soumises à une préparation, les premières sont issues d'une création spontanée. Mais Jolles refuse de suivre les Grimm dans la conviction que les Formes simples (ou la poésie de nature) appartiennent au passé et qu'on peut seulement en recueillir les vestiges. Pour lui les deux Formes sont toujours en activité et l'une des tâches de la critique littéraire est de les observer dans leurs différences et dans leurs rapports. La Forme savante, par exemple la nouvelle, qu'on peut comparer au conte, est une œuvre close, à laquelle son auteur a donné une empreinte solide, particulière et unique. « La Forme savante ne peut trouver sa réalisation définitive que par l'action d'un poète. Le poète ne désignant évidemment pas la force qui crée mais celle qui effectue[43]. » En revanche, dans la Forme simple, le langage est mobile, général, chaque fois autre. On peut toujours raconter un conte, une légende, une saga, avec ses propres mots, non pas avec les mots d'un individu en qui la forme se réaliserait, qui serait la force ultime d'exécution et imprimerait sa marque personnelle : on serait alors dans la Forme savante. « La force d'exécution, c'est ici le langage, dans lequel la forme reçoit une réalisation chaque fois nouvelle [44]. » Les tentatives qui ont été faites au cours des siècles, depuis le recueil de Straparola en 1550, depuis que le conte a été découvert comme objet de divertissement, tentatives pour fondre la Forme simple du conte et la forme littéraire de la nouvelle, ont échoué. La Forme simple répugne à ces remaniements, « elle reste si bien elle-même que, malgré toutes les transformations et malgré tous les gauchissements, les esprits lucides et capables de discerner les formes découvrent, tels Herder ou Grimm, le caractère hybride et disparate de ces mélanges, saisissent la Forme simple en tant que telle et en viennent à séparer les différentes « voix des peuples » ou encore « poésie de nature » et « poésie d'art ». A chacune de ses actualisations, le conte, comme toute Forme simple, tend à se fixer, à tendre vers l'unicité et à perdre sa mobilité, d'autant plus lorsque l'actualisation prend la forme d'une collecte écrite et publiée. La question de la fidélité au texte oral se pose alors. On se souvient qu'Arnim mettait en doute l'authenticité textuelle de la collecte des Grimm, ce que Jolles exprime en ces termes : « toute actualisation détourne du but que la Forme simple s'efforce de donner ». A la conviction exprimée par Arnim, certain que les deux frères ont remanié le texte oral, Jacob répond par une comparaison, un peu étrange par sa trivialité. On ne peut en effet pas faire de récit parfaitement conforme, de même qu'on ne peut casser un œuf sans qu'un peu de blanc reste collé à la coquille. Dans cette métaphore, ajoute Jacob Grimm, la vraie fidélité consiste à ne pas casser le jaune de l'œuf ; elle a été respectée scrupuleusement par eux, alors que la fidélité formelle, mot pour mot, est impossible ; elle est en revanche indispensable pour les œuvres de la littérature savante : il est inimaginable de raconter par exemple un poème de Baudelaire avec ses propres mots. Sous cette image bizarre de l'œuf cassé, nous verrions l'idée de l'ouverture de l'univers traditionnel, autrefois clos sur lui-même et cachant la richesse de son contenu, puis forcé et pillé par les tenants de la culture savante ; nous y verrions aussi l'idée de l'originel, du primitif, de la source première, qui sont, pour les Grimm, les lieux de la poésie de nature.

Si nous avons insisté peut-être un peu trop longuement sur des recherches restées finalement isolées, c'est pour tenter de mettre en évidence deux points. En premier lieu, on s'aperçoit que, plus d'un siècle après les premiers travaux des Grimm, une grande partie de leurs idées sur la nature du conte sont tout à fait recevables à l'exception de la vision mystique qu'on y découvre en dernière analyse. En second lieu, s'il ne fait pas de doute en effet que le conte constitue un genre littéraire particulier, non réductible à aucun autre relevant de la littérature savante, qu'il appartienne à la « poésie de nature » ou qu'il soit une Forme simple, on ne comprend toujours pas de quelle manière il se réalise comme tel, hors de tout acte de création individuelle, dans le langage des hommes et cependant à leur insu. Max Müller reprendra le problème posé en ces termes en lui apportant une solution aussi extravagante que séduisante. En France, par contre, les recherches contemporaines des travaux des frères Grimm éluderont complètement le problème.

CHAPITRE III

L'ACADÉMIE CELTIQUE

> « *J'ai de mes ancêtres gaulois l'œil bleu blanc, la cervelle*
> *étroite, et la maladresse dans la lutte. Je trouve mon habillement*
> *aussi barbare que le leur. Mais je ne beurre pas ma chevelure.* »
>
> Arthur RIMBAUD, « *Mauvais sang.* » *Une Saison en enfer.*

Au moment précis où les Grimm commençaient à accumuler des matériaux en vue de leur étude sur la poésie populaire allemande et où allait paraître le premier volume du *Cor enchanté de l'enfant* d'Arnim et Brentano, était fondée en France l'Académie celtique, qui, entre 1807 et 1830 environ, entreprit la première collecte systématique de traditions populaires. Les causes de ce phénomène, de son apparition et de son éclipse permettent de faire un historique du folklore comme discipline à ses débuts et manifestent la spécificité de la réflexion des savants français au milieu du bouillonnement romantique de l'Europe.

L'Académie celtique, dont la première séance eut lieu le 9 germinal an XIII (30 mars 1805), avait été fondée en 1804, principalement sous l'impulsion de Jacques-Antoine Dulaure, l'auteur des *Divinités génératrices chez les anciens et les modernes.* C'est lui qui mit en ordre, classa et rédigea une série de questions dont certaines avaient été proposées par Mangourit, tandis qu'une commission avait été formée en 1805 à cet effet. Ce questionnaire, qui a été reproduit par A. Van Gennep dans son *Manuel de folklore français contemporain*[45], constitue un document important dans la mesure où il donne un état du savoir folklorique à cette date. Or ce savoir était loin d'être médiocre ; il pose par conséquent le problème de son origine, puisqu'à cette date aucune étude systématique de ce qu'on n'appelait pas encore le folklore n'avait été faite[46].

Cet objet, qui n'avait donc pas encore de nom, n'avait pas non plus de statut propre. C'est en effet l'Eglise chrétienne qui le constitua sous forme d'une entité à caractère négatif. Très tôt dans l'histoire de l'Eglise, on voit apparaître cette lutte, qui se prolongea durant des siècles, contre les « superstitions ». Etait superstition tout ce qui, croyances ou pratiques, n'émanait pas de l'autorité religieuse. L'existence qui leur était accordée se voyait aussitôt et par la même démarche niée, rejetée, méprisée. Leur origine était attribuée au paganisme, dont elles étaient des survivances, ou au démon qui les suscitait.

Mais on s'aperçoit vite que ce comportement de rejet et de dénonciation ne manque pas d'une certaine ambiguïté. En effet l'Eglise fait passer une ligne de partage entre les croyances chrétiennes et les superstitions dites païennes en affirmant l'orthodoxie des premières et l'hétérodoxie des secondes, bien qu'elles soient toutes des faits de croyance. Cette ambiguïté apparaît nettement dans les tentatives de christianisation des pratiques et des croyances dites superstitieuses, tentatives qui eurent en général plus de succès que les condamnations réitérées. Ainsi du culte des fontaines, P. Sébillot dit qu'il « était solidement établi et très populaire dans les Gaules, lorsque les apôtres commencèrent à y prêcher l'Evangile [...] Ils s'efforcèrent de donner aux sources un vernis chrétien, en substituant à leurs noms anciens, qui étaient peut-être ceux des divinités topiques qui y présidaient, le nom des apôtres de la Gaule et ceux des saints locaux célèbres pour leurs miracles. Il est vraisemblable [...] que les légendes dont elles étaient l'objet se transmirent aussi, que de leur mélange avec l'élément chrétien, naquit la légende dorée locale des fontaines[47] ». Cette définition ambiguë et flottante de la croyance orthodoxe sera dénoncée par la Réforme qui voit le paganisme et l'idolâtrie présents dans un grand nombre de rites et de cultes chrétiens à commencer par le culte des saints. Il faut créditer les théologiens protestants des premiers inventaires de superstitions ; mais ils furent rapidement suivis par les théologiens catholiques qui se mirent à stigmatiser ce que le Concile de Trente avait appelé les *consuetudines non laudabiles*. Ces sortes d'inventaires, dont les ouvrages de l'abbé Jean-Baptiste Thiers et du Père Le Brun sont en France les meilleurs exemples, ne recueillent pas les croyances et les pratiques populaires pour elles-mêmes, mais pour les dénoncer comme superstitions et vaines observances.

A partir du xvie siècle, une autre catégorie de lettrés manifestent un certain intérêt pour les coutumes du peuple. Ce sont des humanistes dont les attaches provinciales et rurales permettent d'observer et de recueillir les mœurs curieuses de la masse paysanne française (par exemple Noël du Fail, Tabourot des Accords, Guillaume Bouchet pour le xvie siècle ; Moisant de Briseux, Fleury de Bellingen pour le xviie siècle). Si, comme les théologiens, ils les dénoncent, ce n'est pas tant comme des errements menaçant la religion chrétienne et le salut des âmes, mais plutôt comme des bizarreries qui témoignent de la diversité de l'esprit humain et, *a contrario*, de son progrès.

Qu'ils soient théologiens ou humanistes, c'est à la condamnation des croyances populaires que ces détenteurs du savoir aboutissent, condamnation assortie, selon les cas, de violence ou d'une certaine tolérance. La question se pose donc de savoir pourquoi les fondateurs de l'Académie celtique, dont la formation intellectuelle s'était faite au xviiie siècle, conçurent le projet de recueillir pour elles-mêmes ces données de la vie populaire, c'est-à-dire de leur donner une existence conceptuelle qui permette, à partir de cette date, leur étude scientifique. Ainsi le secrétaire perpétuel de l'Académie, Eloi Johanneau, parle dans son discours d'ouverture de « ce champ qui n'a presque pas encore été défriché » et de la tâche qui consiste à « réunir et faire converger en un point toutes les connais-

sances locales des langues, des monuments et des usages pour
les comparer et les expliquer[48] ». La méthodologie proposée
par les animateurs de l'Académie surprend par son modernisme. Le questionnaire établi par Dulaure et Mangourit était
destiné aux « personnes les plus éclairées » de chaque département. Les réponses devaient être envoyées au secrétaire
perpétuel, communiquées lors des séances et enfin publiées
dans les *Mémoires*. Il s'agit d'une méthode d'investigation qui
s'appuie sur un questionnaire et un réseau d'informateurs.
L'enquête directe n'est pas exclue, puisque Eloi Johanneau
évoque la possibilité « de faire voyager tous les ans, dans
l'empire français, quelques-uns des membres [de l'Acadé-
mie][49] ». Le prospectus annonçant la publication des *Mémoires*
déclare « qu'on espère [...] suppléer même au défaut de
l'histoire et de tous les monuments écrits, en interrogeant les
personnes et les lieux, les choses et les mots ; en invoquant les
traditions sur chaque lieu, sur chaque monument, sur chaque
usage ; en recueillant tous les genres de renseignements, et en
les recueillant dans chaque localité, seul moyen de découvrir
les origines de tout ce qu'il y a de plus remarquable ».

L'ambition de l'entreprise allait même au-delà de la seule
collecte systématique, au moins dans l'esprit de certains de ses
membres qui voulaient atteindre à ce que l'on nommerait de
nos jours une interprétation. En 1810, Girault d'Auxonne
écrivait au secrétaire de l'Académie celtique : « J'avoue que ce
n'est pas sans quelque surprise que je vois plusieurs se borner à
la simple énumération et description des usages sans s'appliquer à en pénétrer le sens caché, à en rechercher les causes,
sans essayer de remonter à leur source ; il me semble que cette
nomenclature sèche n'est pas le but que se proposait d'atteindre l'Académie celtique dans les questions qu'elle a proposées[50] ».

Ce modernisme va parfois si loin que la « Nouvelle Histoire » ne pourrait que souscrire à cette remarque d'Alexandre
Lenoir, le fondateur du Musée des Monuments français, pour
qui l'histoire s'est toujours attachée aux « riches et aux

puissants » : elle a oublié « ce qui forme véritablement l'espèce humaine, la masse des familles qui subsistent presque en entier de leur travail », autrement dit « la multitude et les pauvres[51] ». L'intention des fondateurs de l'Académie celtique est de faire l'histoire des gens sans histoire.

L'histoire, mais non l'ethnographie. Et cependant cette discipline était déjà constituée à cette époque. Si la réflexion ethnographique se manifeste dès que deux cultures différentes sont en contact, il faut dater la naissance de l'ethnologie de la découverte du Nouveau Monde ; certains chapitres des *Essais* de Montaigne le démontrent suffisamment. Mais c'est surtout au XVIIIe siècle que les témoignages plus nombreux et plus systématiques des missionnaires fournirent aux philosophes un matériel suffisant pour leur réflexion. Parfois même, observation et réflexion sont le fait d'une seule personne : ainsi en est-il du Père Lafitau. A partir du XVIe siècle, « l'Europe sait, désormais, qu'il y a d'autres formes de vie économique, d'autres régimes politiques, d'autres usages moraux et d'autres croyances religieuses que ceux qu'on avait cru jusqu'alors fondés sur un droit et une révélation d'origine également divine, et dont on pouvait seulement, soit jouir, soit en être privé[52] ». On prend conscience que l'humanité peut être porteuse de diversité et d'altérité. Mais jusqu'à la fin du XVIIIe siècle, le support de cette altérité ne pouvait être que l'exotique et le lointain : « Pour étudier l'homme, il faut apprendre à porter sa vue au loin », déclarait Jean-Jacques Rousseau dans l'*Essai sur l'origine des langues*. Il était impossible de concevoir cette altérité comme interne. Lorsque les théologiens et les « honnêtes gens curieux de toutes choses » recueillaient les coutumes et les croyances de leur propre société, c'était pour les en rejeter. Un texte de Pierre Charron est très explicite à cet égard :

> « La superstition populaire vient de faiblesse d'âme, d'ignorance ou de méconnaissance de Dieu bien grossière ; dont elle se trouve plus volontiers aux enfants, femmes, vieillards,

malades assaillis et battus de quelque violent accident. Bref aux Barbares. *Inclinant natura ad superstitionem barbari* [53]. »

On ne saurait mieux dire : les superstitieux sont les barbares de notre culture.

Comment expliquer, dans ce cas, que les membres de l'Académie celtique aient pu entreprendre, au début du XIXe siècle, cette collecte à l'intérieur de leur propre culture, alors qu'ils étaient tous des hommes formés par la philosophie des Lumières, elle-même incapable de surmonter l'absurdité apparente des croyances populaires ? Certains textes publiés dans les Mémoires de l'Académie celtique et de la Société des Antiquaires de France permettent d'expliquer cette contradiction. En effet, il apparaît à leur lecture que l'irrationalité des croyances et des coutumes populaires, si choquante au XVIIIe siècle, devient admissible à condition de les éloigner, non pas dans l'espace géographique, comme c'était possible pour les sauvages étudiés par les voyageurs et les missionnaires, mais dans le temps, et de les faire reculer vers une histoire lointaine, sinon même dans une préhistoire. Il suffit de proclamer que ces croyances et ces coutumes « singulières », « bizarres », « absurdes » et même « grotesques » sont des vestiges de l'antiquité reculée de notre pays.

> « Ce que nous méprisons aujourd'hui comme des contes populaires, comme des monuments grossiers, sont des vestiges précieux de la sagesse de leurs anciens législateurs [54]. »

Ces pratiques que nous jugeons irrationnelles sont les fragments d'un état social autrefois conforme à la raison et à la sagesse.

> « Combien d'usages abandonnés, parce qu'ils paraissaient bizarres ; et qui ne paraissaient bizarres, que parce que leur source et leur objet sont inconnus ! Combien de monuments relégués dans les temps de la féerie, attribués au diable ou aux géants, qui sont autant de vestiges d'un peuple nombreux, civilisé, dont tout le code était dans les coutumes, toute la religion et l'histoire dans des monuments et des traditions. Ces

coutumes ont survécu à l'existence de ce peuple ; ces monuments subsistent encore, mais la tradition qui les expliquait est ensevelie sous l'amas des fables populaires, comme les monuments eux-mêmes sous la terre qui les portait [55]. »

On comprend alors pourquoi le mot de « monument » revient constamment dans ces textes et pourquoi il ne désigne pas seulement les vestiges architecturaux, mais aussi les croyances, les usages, les traditions, les mœurs, les cérémonies et même le langage.

> « Il apparaîtra peut-être bizarre de présenter des mots comme des monuments antiques ; cependant les noms des lieux, les dialectes, le langage vulgaire qualifié de *patois*, pour n'avoir rien de matériel, n'en sont pas moins de véritables restes qui, autant que des ruines, déposent pour l'histoire d'un pays [56]. »

En posant cette hypothèse, ces chercheurs rendaient donc acceptable pour eux tout l'irrationnel qu'ils s'étaient donné pour tâche d'observer et de collecter, mieux même, ils en faisaient quelque chose de respectable puisque c'étaient les vestiges des ancêtres de leur pays.

Cette idée a son origine dans les travaux des auteurs du XVIIIe siècle qui s'intéressaient à l'ethnographie. Ils cherchaient dans les mœurs des sauvages, entre autres choses, l'origine de la civilisation grecque et latine. L'intention est très nette chez Lafitau, qui déclare :

> « Je ne me satisfais point de connaître le caractère des sauvages et de me rendre compte de leurs mœurs et de leurs pratiques. J'ai recherché dans ces pratiques et dans ces mœurs la trace des antiquités les plus reculées. J'ai lu avec une particulière attention les auteurs les plus anciens qui ont traité des mœurs, des lois et des coutumes des peuples dont nous avions quelque connaissance ; j'ai fait la comparaison entre ces mœurs et je confesse que, si les auteurs anciens m'ont donné quelques lumières pour confirmer certaines conjectures faciles inhérentes aux sauvages, les mœurs des sauvages m'ont aussi donné des lumières pour comprendre plus facilement et pour expliquer bien des choses dont parlent les auteurs anciens [57]. »

Il jette donc un pont entre le monde primitif et le monde classique dont sa propre culture est issue. Supposer que les débuts de la civilisation grecque aient pu ressembler à la culture des Iroquois constituait déjà un pas important. Dans ce jeu de miroir entre le passé et le présent, les membres de l'Académie celtique en franchissent un autre, non moins grand, en affirmant qu'il existe dans leur univers rationnel des vestiges de ce mode de pensée archaïque. Cependant — et c'est là qu'ils se séparent des auteurs du xviiie siècle — ces vestiges ne sont pas ceux de la culture classique gréco-romaine, mais de la civilisation celte et plus précisément de celle des Gaulois. Cette théorie des survivances celtiques est omniprésente dans les textes de l'Académie celtique. Dans son discours d'ouverture, Eloi Johanneau déclarait :

« Le double but que se propose l'Académie celtique est aussi important, aussi utile que bien déterminé, c'est *la recherche de la langue et des antiquités celtiques,* comme l'exprime la devise que je vous propose : *Sermonem patrium moresque requiret.* Ainsi notre but doit être premièrement de retrouver la langue celtique dans les auteurs et les monuments anciens ; dans les deux dialectes de cette langue qui existent encore, le breton et le gallois, et même dans tous les dialectes populaires, les patois et jargons de l'Empire français, ainsi que les origines des langues et les noms de lieux, de monuments et d'usages qui en dérivent, de donner des dictionnaires et des grammaires de tous ces dialectes, qu'il faut se hâter d'inventorier avant leur disparition totale ; deuxièmement de recueillir, d'écrire, comparer et expliquer toutes les antiquités, tous les monuments, tous les usages, toutes les traditions ; en un mot, de faire la statistique antique des Gaules, et d'expliquer les temps anciens par les temps modernes [58]. »

Le recours passionné aux antiquités celtiques, dont le corrolaire est le rejet de la civilisation gréco-latine, est probablement une constante de l'histoire des idées en France, mais une constante en quelque sorte sinusoïdale.

Il faut remonter au xvie siècle pour observer ce qui est sans doute la première poussée importante de celtomanie en France. Elle a été très bien étudiée par Claude-Gilbert Dubois[59] qui analyse en particulier l'œuvre de Guillaume Postel (1510-1581), *Traité des façons et coustumes des anciens Gaulloys* (1559). Dans ce courant, il dégage plusieurs points importants : une réaction à l'engouement pour l'Antiquité classique, une intégration de l'histoire des Gaulois à l'histoire universelle, une recherche des origines, la découverte d'un âge d'or caractérisé par l'authenticité ; tous ces éléments aboutissent souvent à un nationalisme violent. Il conclut que « cette crise de celtomanie du xvie siècle contient en elle toutes les caractéristiques de semblables mouvements pour le futur. Réaction contre la colonisation de la culture gréco-latine ; de la même manière s'opposera le romantisme celtisant ou nordique au néo-classicisme du début du xixe siècle[60] ».

Le xviiie siècle fut assez peu celtomane, à part quelques exceptions : ainsi Don Jacques Martin publia entre 1727 et 1752 quelques ouvrages sur la religion et l'histoire des Gaulois et particulièrement les *Eclaircissements historiques sur les origines celtiques et gauloises* (1744), où il montre un certain fanatisme celtisant. En revanche, à la fin du siècle, La Tour d'Auvergne se montre plus mesuré dans ses *Origines gauloises ou Recherches sur la langue, l'origine et les antiquités des Celto-Bretons de l'Armorique* (Paris, Guillou, 1797). Ami d'Eloi Johanneau, secrétaire perpétuel de l'Académie celtique, il inspira les instigateurs de celle-ci.

La poussée celtisante de ce début du xixe siècle, que nous préférons qualifier de préromantique plutôt que de romantique, se produit à une époque de revendication nationaliste. Alexandre Lenoir, dans son Epître dédicatoire à Sa Majesté l'Impératrice et Reine, proclame fièrement :

> « Le désir de retrouver et de réunir les titres de gloire légués à leurs descendants par les Celtes, les Gaulois et les Francs, a fait naître l'Académie celtique. Un sentiment tout la fois aussi noble et national a dû se manifester à une époque où les Français se montraient si dignes de leurs ancêtres[61]. »

Et ce mouvement porte en lui un élément inédit : l'intérêt pour les traditions populaires. Malheureusement, de manière paradoxale, ce qui a permis la première tentative de collecte systématique de ces traditions empêchera celle-ci de se développer et d'aboutir au cours du XIXᵉ siècle à la constitution d'un vaste corpus du folklore français, contrairement à d'autres pays européens comme l'Angleterre et surtout l'Allemagne qui vit, à partir des travaux des frères Grimm, s'épanouir un grand nombre d'entreprises de ce genre.

Les publications de l'Académie celtique cessent en 1812 avec le tome VI des *Mémoires*. En 1814 certains de ses membres se regroupent pour fonder la *Société royale des Antiquaires de France*, qui publie des *Mémoires* annuels à partir de 1817. La préface de ce premier volume explique pourquoi l'Académie celtique fit naufrage :

> « Des membres prépondérants conçurent, sur les Celtes, un système plus séduisant que solide. Pour l'appuyer, ils ne trouvèrent point, dans les notions que l'histoire nous fournit sur ce peuple, des preuves suffisantes : alors ils se jetèrent dans le champ illimité des conjectures, champ semé d'incertitudes et d'erreurs. Les Celtes, suivant eux, s'étaient élevés au plus haut degré des sciences, des arts et de la civilisation ; ils soutenaient, ce qui est très douteux, que le dialecte des bas Bretons était la langue que parlaient les Celtes. Ils s'égaraient dans de fausses routes, et avançaient ces paradoxes avec ce ton qui semble présager au contradicteur une lutte désagréable, ce qui déplut à plusieurs membres, qui aimèrent mieux s'éloigner que combattre[62]. »

C'est l'esquisse d'un procès en règle de la celtomanie. Les buts que se donne la Société royale des Antiquaires de France ne semblent cependant pas très différents. Elle recherche « dans les inscriptions, les médailles, les diplômes, les manuscrits, les mœurs, usages et coutumes, les divers dialectes, les traditions, tout ce qui peut suppléer au silence de l'histoire pour les temps anciens, et particulièrement ceux de la Gaule[63] ». Et pourtant les mémoires concernant précisément

les mœurs, usages, coutumes et dialectes se feront de plus en
plus rares, jusqu'à disparaître presque complètement vers
1830, tandis que l'archéologie et l'histoire l'emportent de plus
en plus. Il faut donc en conclure que la condition nécessaire
à la collecte des traditions populaires était l'idée celtique. On
ne pouvait y prendre d'intérêt que dans l'hypothèse où elles
représentaient les vestiges d'un état de choses archaïque :
c'était la seule justification d'existence qu'on pouvait leur
accorder. On s'aperçoit, en effet, à lire attentivement ces
documents, de quel mépris elles étaient parfois accablées. On
y relève des expressions telles que : « bizarreries innocentes
de l'esprit humain », « coutumes singulières », « cérémonies
absurdes », « monuments de la crédulité », « restes de préjugés
populaires qui enchaînent », « sentiment pénible », etc. Ou
encore cette phrase qui révèle toute l'ambivalence dont étaient
affectées ces traditions : « L'on retrouve dans une solennité
grotesque, qui n'a pour ministres que quelques villageois en
goguette, ou la trace d'une fête mythologique, ou le souvenir
d'un fait important[64]. »

Ce mépris, qui ne s'exprime qu'exceptionnellement de
manière aussi ouverte, a représenté à notre avis l'obstacle
principal au développement d'une entreprise commencée apparemment sous d'heureux auspices : il manifestait l'impossibi-
lité d'admettre l'irrationnel des traditions populaires dans le
présent. La position de ces savants était donc difficilement
tenable en raison de son ambivalence affective : à condition de
le rejeter dans un passé lointain, ils avaient pour l'objet de leur
étude le plus grand respect et la plus vive admiration (*gloriae
majorum !*), mais ils le trouvaient trivial et ridicule dans le
contemporain.

Nous ne sommes donc pas de l'avis de A. Van Gennep : pour
lui, la cause de cet échec tient au fait que Dulaure et ses amis
n'avaient pas donné de nom à leur entreprise. « L'étude des
mœurs et coutumes françaises faisait partie pour eux de l'étude
des mœurs et coutumes universelles [...] Comme ces savants
n'avaient pas donné de nom à l'enfant, l'enfant souffrit et

végéta ; bien mieux, on le crut mort-né[65]. » Cette explication qui semble relever de la pensée magique n'est pas fausse, elle est incomplète. Si Dulaure et ses amis n'ont pas donné de nom à leur recherche, c'est sans doute parce qu'ils ne pouvaient pas le faire, car son objet n'en méritait pas, ou n'en méritait que paré du vêtement de l'archaïsme et de l'antiquité.

D'ailleurs cette collecte et cette recherche ne portaient pas non plus de nom particulier dans d'autres pays. Le terme par lequel on désignait les traditions populaires se référait presque toujours à cette composante historique ou préhistorique : ainsi *popular antiquities* en Angleterre. Celle-ci fut cependant le pays qui baptisa cet enfant : mais c'est seulement en 1846 que W. J. Thoms propose le terme de *folklore* et le définit comme *the lore (learning) of the people*[66].

A cette époque, l'Académie celtique et la Société des Antiquaires ne sont pas seules à entreprendre cette collecte des traditions populaires françaises. Si nous avons présenté aussi longuement les intentions de leurs fondateurs et animateurs, c'est parce que celles-ci révèlent l'idéologie sous-jacente à leur entreprise. Mais ce mouvement n'est pas isolé, puisque quelques années auparavant, Chaptal, ministre de l'Intérieur en 1800, demande aux préfets de faire figurer dans les *Statistiques départementales* un chapitre concernant les mœurs, les usages et les patois. C'est seulement sous l'influence de l'Académie celtique, de son questionnaire et des relations qu'elle put établir avec les « personnes les plus éclairées » de chaque département (où l'on voit apparaître quelques préfets ou sous-préfets comme Dupin dans les Deux-Sèvres, de Villeneuve dans le Lot-et-Garonne, et Teissier dans la Moselle, etc.) que les statistiques incluent peu à peu ce genre de données. De la même façon, on les voit disparaître après 1830 environ. Van Gennep, qui fut le premier à reconnaître la valeur de ces recherches, avait essayé d'en faire un historique, sans beaucoup de succès[67]. Un très lourd travail d'archives serait nécessaire pour en venir à bout. Il faudrait y ajouter l'enquête sur les légendes, les traditions et les poésies populaires, demandée à plusieurs reprises (1818, puis 1825 et 1837) par l'Académie des Inscriptions et Belles-Lettres.

Toutes ces tentatives, dont l'inventaire est encore à faire, témoignent d'un très grand souci de recueillir ces données de la vie populaire. Ce souci s'explique par le sentiment de leur précarité et de leur fragilité. Dans une lettre que Mangourit adresse à l'Académie à propos du questionnaire, il note : « Quelqu'un a remarqué ingénieusement, à cette dernière assemblée, qu'il fallait se hâter de faire nos questions, parce que le code et les autres institutions qui régissent nouvellement la France, amèneront nécessairement la chute d'un grand nombre d'usages curieux [68]. »

Bien que faussée par une idéologie historicisante, l'entreprise de l'Académie celtique conserve une attitude bienveillante envers les traditions populaires. Il est probable que cette bienveillance s'augmentait du sentiment qu'elles étaient appelées à disparaître rapidement. Il n'en reste pas moins qu'elles avaient une valeur propre aux yeux des académiciens et de leurs correspondants. Cette attitude contraste étrangement avec celle de l'abbé Grégoire qui, durant la Révolution, avait voulu éliminer de l'usage les divers patois de France [69]. En 1790, il envoie dans les départements « une série de questions relatives au patois et aux mœurs des gens de la campagne ». Cette enquête vise à « détruire les patois », même si certaines de ces questions ont pour but d'en acquérir une meilleure connaissance. La raison de cette entreprise est bien sûr politique : il ne faut pas que la méconnaissance du français fasse obstacle à la diffusion des idées révolutionnaires. Elle s'inscrit sans difficulté dans la visée centralisatrice de la Révolution française. Mais l'Empire n'avait pas moins cette visée et cependant, à quelques années de distance, l'attitude a changé : au lieu d'anéantir, on cherche à recueillir. M. de Certeau n'a pas manqué de noter cette opposition ; il remarque : « L'attention est *linguistique,* non historique. Elle porte sur une différence d'expression, et non sur un passé [70]. » L'Académie celtique s'intéressait autant aux patois qu'aux monuments archéologiques, aux croyances et aux usages. On trouve souvent dans leurs *Mémoires* des vocabulaires recueillis avec soin par des correspondants locaux ; mieux encore, un volume de la Société des Antiquaires (t. VI, 1824) est presque entièrement consacré à des traductions de la Parabole de l'Enfant prodigue en dialectes, patois et idiomes de diverses régions de France. Ce texte avait été choisi en raison de la « juste étendue et de la simplicité de la plupart des expressions qu'il renferme ». Les versions sont au nombre de 86, mais ne représentent qu'une sélection parmi celles qui étaient parvenues au ministère de l'Intérieur (celui-ci en avait fait la demande aux préfets en 1807), puis à la Société des Antiquaires.

La raison de ce changement d'attitude est claire : les patois, comme les usages et croyances « bizarres », ont été soudain investis de la valeur qu'on accorde aux « monuments ». On a remarqué la fréquence et l'emploi étendu que les collaborateurs de l'Académie celtique font de ce terme. Cet emploi particulier est bien conforme à l'étymologie du mot. En latin le *monumentum* était d'abord tout ce qui rappelle quelqu'un ou quelque chose, tout ce qui perpétue le souvenir ; le mot s'est ensuite figé dans le sens restreint de monument architectural commémoratif. Il a été formé sur le verbe *moneo,* « faire songer à quelque chose, faire souvenir et avertir, engager, donner des inspirations, instruire ». Le monument est donc d'abord la trace matérielle de ce qui est passé, de ce qui n'existe plus. Cette trace matérielle peut être lithique, mais aussi, comme l'ont bien vu les érudits de l'Académie celtique, verbale, mentale ou gestuelle.

Très curieusement, le sens étymologique du mot *monument* est fort proche de celui du terme *superstition,* dont on a noté l'emploi presque exclusif pour désigner les croyances et les pratiques populaires jusqu'au début du XIXe siècle. Cette étymologie a été étudiée par E. Benveniste qui voit dans *superstitio* l'abstrait correspondant à *superstes* « survivant » ; *superstitio* signifierait donc « survivance » et indiquerait alors

un « reste » d'une vieille croyance qui, à l'époque où on
l'envisage, paraît superflue. *Super* ne signifie pas seulement
« au-dessus », mais aussi « au-delà » : *superstare*, c'est se tenir
par-delà, subsister au-delà [...], celui qui a franchi un danger,
une épreuve, une période difficile, qui y a survécu, est
superstes. Un autre sens en découle : celui qui a subsisté par-
delà un événement en est devenu le témoin[71]. En ce qui
concerne ce sens de témoin, Benveniste montre la différence
qu'il y a entre *superstes* et *testis*. Le second est, étymologique-
ment, celui qui assiste en tiers à une affaire ou un événement
concernant deux personnes. En revanche *superstes* est le témoin
qui subsiste au-delà, le survivant ou celui qui « se tient sur la
chose, qui y est présent ».

Il est remarquable que les savants de l'Académie celtique,
cherchant un substitut au terme superstition, imaginent d'utiliser celui de monument. Non pas que le mot de superstition
n'apparaisse pas dans leurs textes : on le trouve précisément
quand il s'agit de stigmatiser le caractère erroné et absurde des
croyances et des pratiques populaires. Suivant la tradition
lexicologique de cette époque, le mot était porteur d'une
condamnation et d'un rejet. Il était donc nécessaire de trouver
un autre terme qui fût positif et valorisant. Il vaut la peine de
souligner que le sens explicitement donné à ce mot de
monument (« véritables restes qui, autant que des ruines,
déposent pour l'histoire d'un pays ») renvoie à l'étymologie du
terme de superstition devenu péjoratif. Cette remarquable
rencontre ne peut manquer d'avoir un sens.

Cet emploi du terme monument fut aussi éphémère que cette
tentative de collecte folklorique. Mais, lors du renouveau de
ces recherches dans le dernier quart du XIXe siècle, un autre
mot apparut pour servir lui aussi de substitut, purgé de son
caractère péjoratif, au terme superstition. Ce fut le mot de
survivance, dont la notion a été énoncée très clairement par
l'école anthropologique anglaise et tout particulièrement par
Tylor : « L'étymologie de ce mot *superstition,* qui paraît avoir
originairement signifié *ce qui persiste des anciens âges,* le rend

parfaitement propre à exprimer l'idée de survivance. Mais aujourd'hui ce mot implique un reproche et quoiqu'il soit à bon droit permis de verser le blâme sur ces débris de civilisations mortes enclavés dans une civilisation vivante, cependant l'employer serait bien dur et même point exact. Pour la science ethnographique, il est absolument indispensable d'introduire un mot, tel que survivance, simplement destiné à désigner le fait historique que ne peut plus maintenant exprimer le mot *superstition*[72]. » En 1890, G. L. Gomme, président de la Folklore Society de Londres, définissait ainsi la science du folklore : « la comparaison et l'identification des survivances de croyances, coutumes et traditions archaïques à l'époque moderne[73] ». Les folkloristes français adhéraient à ce même point de vue. Saintyves, dans un article de 1932, reconnaissait encore la dette du folklore envers l'école anthropologique qui « a mis à la disposition des savants la notion historico-scientifique de *survivance* et purifié, du même coup, l'atmosphère de toute préoccupation théologique[74] ».

Avec l'école anthropologique anglaise, il nous faudra examiner les fondements théoriques de la notion de survivance. Mais il était important de montrer dès maintenant sa permanence dans les recherches de folklore. Il était également important d'établir que la problématique de la trace mnémonique a présidé à la naissance de cette discipline. Ce fait capital permet, à lui seul, de faire le départ entre le folklore et l'ethnologie, à quoi on veut parfois le réduire ou le soumettre. Le folklore ne peut être simplement l'ethnologie, ou une section de l'ethnologie, des sociétés européennes traditionnelles, car ces deux disciplines ont eu, à leur origine, une problématique différente. Celle de l'ethnologie procède de l'espace, celle du folklore du temps. La première tend à placer son objet d'étude à la plus grande distance possible ; la seconde, l'ayant renvoyé dans un passé lointain, ne prétend l'atteindre qu'à travers les traces qu'il a laissées. On comprend mieux que l'ethnologie n'ait commencé que très récemment à se tourner vers les sociétés européennes, comme si la vision globalisante de cette discipline exigeait impérieusement la distance (le gros bout de la lorgnette qui donne une image lointaine, mais totale, de la scène contemplée). On comprend aussi la naissance tardive du folklore en tant que discipline par rapport à l'ethnographie. L'effort mental qu'il exigeait était beaucoup plus considérable puisque l'objet d'étude se trouvait dans une plus grande proximité spatiale. Seul l'artifice consistant à éloigner cet objet dans le temps permettait de s'affranchir des jugements de valeur pour l'appréhender comme un véritable objet d'étude. Le questionnaire établi par Dulaure et ses amis en fournit la preuve. On a dit qu'il présentait un tableau assez complet du folklore français et qu'il témoignait par conséquent d'un savoir non négligeable. Mais celui-ci n'était pas perçu comme tel : son contenu, soumis jusque-là à un jugement de valeur négatif, ne pouvait en même temps faire l'objet d'un jugement de réalité. Il existait cependant, et l'effort conjugué de Dulaure et de Mangourit le révéla comme savoir, ou plus exactement comme savoir potentiel puisqu'il apparaissait pour la première fois sous forme de questionnaire. L'objet d'étude était circonscrit, mais son contenu n'avait encore qu'une existence postulée. Il fallut donc plusieurs étapes dans ce processus d'émergence du savoir folklorique. Dans un premier temps, un renversement de l'axe spatial de l'ethnographie dans une dimension temporelle permet d'établir une distance suffisante entre l'observateur et l'objet observé. Dulaure, là aussi, a certainement aidé à ce renversement, dans la mesure où ses travaux de comparatiste étaient ceux d'un précurseur de l'ethnographie. Il n'est pas douteux que ses amis, plus portés vers l'histoire et l'archéologie, l'aidèrent dans cette tâche. Dans un deuxième temps, un savoir, qui existe donc quelque part, est rassemblé, non pas comme existant, mais comme virtuel, probable. Ce postulat ne fait aucun doute, puisqu'en 1805, au moment où Mangourit venait de « jeter à la hâte » une série de questions, donc avant que le questionnaire n'ait été établi et envoyé, il pouvait déclarer dans une lettre en date du 29 messidor an XII, adressée à l'Académie : « Il ne faut point s'effrayer, Messieurs, de l'abondance des réponses ; nous sommes un corps, et ce que nous ne pouvons faire, nos survivanciers (*sic*) le feront. » Il préjuge avec une grande certitude (on le voit par l'emploi du présent : il ne *faut* point) du nombre et du volume des matériaux que vont apporter les réponses. Il est convaincu que ces matériaux existent ; il suffit de les rassembler pour constituer un savoir capable d'élucider, de constituer ou de reconstituer l'histoire ancienne de la culture celtique et gauloise. Mais c'est à ce point que se révèle le paradoxe de l'entreprise qui constitue pour la première fois en France un corpus folklorique ; elle ne peut se faire que soutenue par l'idéologie celtique qui, en s'écroulant, entraîne dans sa chute cette branche de l'histoire, incapable encore d'indépendance.

A vrai dire on peut se poser la question de savoir si elle a jamais été indépendante de celle-ci et si elle le sera jamais. Elle y tient en fait par le lien le plus fort qu'on puisse imaginer, le moins apparent peut-être aussi, celui de son origine mythique. Plus en effet que d'idéologie celtique, on doit parler de mythologie celtique. Non que le celtisme ait ici beaucoup d'importance : il est présent pour des raisons relevant de la réalité historique et sans doute parce que cette culture possède un charme intrinsèque et la fascination des objets mal connus. Cette opération de rejet dans un passé lointain des traditions populaires n'est pas de nature historique, quoi qu'aient pu en penser les fondateurs de l'Académie celtique. Au lieu de dire qu'elles ne sont investies de valeur que lorsqu'on peut les fonder dans une histoire, il faut dire qu'elles ont une valeur seulement parce qu'elles sont fondées dans le mythe. Il n'y a rien de surprenant à cela, puisqu'elles sont elles-mêmes des fragments mythiques. Mais elles ne peuvent jamais être reconnues comme telles ; pour être vécues et appréhendées, il faut qu'elles apparaissent comme fondées dans l'histoire.

A ces fragments mythiques, les noms de monument, de superstition ou de survivance conviennent à merveille. Ils portent en effet en eux cette double marque historique et mythique. On sait combien le *superstes*, le témoin qui a survécu à un événement, a tendance à reconstruire celui-ci au gré de ses désirs inconscients. On sait aussi que les monuments, « destinés à perpétuer le souvenir de quelqu'un ou de quelque chose », suivant la définition du *Petit Robert,* ajoutent une dimension héroïque ou mythique à cette personne ou à cet événement. La mémoire est au cœur de ces termes, et plus particulièrement les traces matérielles laissées par le passé sous des formes diverses. La mémoire humaine n'enregistre en effet que pour un temps très court. Il faut donc faire appel aux traces qui ont pu traverser les siècles, sur lesquelles a été déposée de l'histoire et qui pourront de ce fait servir de témoin. Si leur fonction est celle de l'écriture, leur maniement en diffère puisqu'ils n'en ont pas la transparence. Ou bien ils ont l'opacité d'une écriture et d'une langue inconnues qu'il faut déchiffrer. Bien avant Proust, les fondateurs de l'Académie celtique savaient que la mémoire ne peut fonctionner qu'à l'aide de repères matériels faisant office de vestiges (les traditions populaires, les patois, les menhirs, une madeleine trempée dans du thé, deux pavés inégaux, etc.).

La visée historique des fondateurs de l'Académie celtique ne les rendait pas aveugles à la part de mythologie présente dans leurs documents. Il vaut la peine de citer à ce propos un long fragment du prospectus rédigé par Eloi Johanneau et destiné à faire connaître leur projet :

> « A l'aide des auteurs anciens, rapprochés, comparés et discutés, de la connaissance des langues, de la signification primitive des mots et du génie allégorique de l'antiquité ; de l'usage de l'analyse et du flambeau de la critique, et surtout par le discernement de la mythologie d'avec l'histoire ; on espère faire luire un nouveau jour sur les ténèbres qui couvrent le berceau des Gaulois, sur les temps primitifs et l'état ancien des Gaules, sur les origines, les migrations et les mélanges des différents peuples qui les ont habitées, sur les colonies, leurs croyances, leurs mœurs, leurs usages, leurs monuments, leurs langues et leur histoire, et même sur l'histoire du Moyen Age, dans laquelle on trouve tant de fables plus anciennes, tant d'intercalations mythologiques ; on espère expliquer les temps

anciens par les temps modernes et réciproquement ; démêler le
druidisme du christianisme, et trouver l'origine des croyances
religieuses, des fables et des usages populaires existants ou
abandonnés ; éclaircir les antiquités nationales, suppléer même
au défaut de l'histoire et de tous les monuments écrits, en
interrogeant les personnes et les lieux, les choses et les mots ; en
invoquant les traditions sur chaque lieu, sur chaque monument, sur chaque usage, en recueillant tous les genres de
renseignements, et en les recueillant dans chaque localité, seul
moyen de découvrir les origines de tout ce qu'il y a de
remarquable ; en comparant, confirmant et complétant les
récits des uns par ceux des autres ; on espère enfin, par tous ces
moyens réunis, recueillir le code et la législation des Celtes et
des Druides dans le droit coutumier, leur religion et leur
mythologie dans les croyances, les superstitions, les fables, les
traditions, les usages, les légendes, les chartes, les monuments ;
leur langue, dans les dialectes encore existants ; leur histoire,
dans le résultat de toutes ces recherches ; et par là parvenir à
recomposer le code, la mythologie, la langue et l'histoire des
Gaulois ; à retrouver les origines historiques, mythologiques et
étymologiques des lieux, des personnes, des choses et des
mots ; en un mot, à faire la statistique ancienne des Gaules pour
l'histoire, la géographie, la mythologie et les langues[75]. »

On aura remarqué au passage les expressions « discernement
de la mythologie d'avec l'histoire », « intercalations mythologiques », « origines historiques, mythologiques et étymologiques », témoignant que les fondateurs de l'Académie celtique
savaient qu'il y a toujours une parcelle mythique dans tout
document historique. Il faut noter aussi l'emploi abondant du
mot « origine » : l'objet de l'entreprise est de découvrir les
origines des peuples qui ont habité les Gaules, celles des
croyances religieuses, des fables et des usages populaires
existants ou abandonnés, celles des lieux, des personnes, des
choses et des mots et, en résumé, celles de « tout ce qui est
remarquable ». Or la quête des origines relève au premier chef
de la mythologie, car les origines historiques sont par définition
inaccessibles, renvoyant sans cesse à quelque chose de plus
lointain. Ceci explique peut-être pourquoi l'ethnographie a
placé d'emblée son objet d'étude au plus loin, dans l'espérance

que la distance géographique serait le garant d'une primitivité et que l'homme occidental découvrirait ses origines dans l'homme exotique. On s'aperçoit que c'était en effet l'espoir de ces précurseurs de l'ethnographie au xviiie siècle, pour qui les peuples sauvages renvoyaient l'image des premiers âges de l'humanité. Ce que nous avons appelé l'axe spatial, le renvoi dans un lointain géographique qui est la démarche propre de l'ethnographie, se résout, en définitive, pour les précurseurs de cette discipline à un retour à l'axe temporel, au renvoi dans un passé éloigné, afin d'atteindre, ou de tenter d'atteindre, les origines de l'homme. La démarche folklorique fait l'économie d'une étape : elle interroge directement l'histoire et la mythologie dans cette tentative pour retrouver les origines.

L'idée selon laquelle tout vestige historique comporte une part de mythe est exprimée très clairement dans la phrase qui résume les buts que se donna l'Académie celtique par la plume d'Eloi Johanneau : « On espère enfin, par tous ces moyens réunis, recueillir [...] la religion et la mythologie (des Celtes et des druides) dans les croyances, les superstitions, les fables, les traditions, les usages, les légendes, les chartes, les monuments... » Tous ces vestiges conservent en eux de quoi reconstituer la religion et la mythologie des anciens Celtes. Ce sont pourtant des traces transmises à travers les siècles et qu'on peut à bon droit qualifier d'historiques. Une critique bien conduite permettra de « discerner la mythologie d'avec l'histoire ». Celle-ci apparaît cependant comme la discipline totalisante, puisqu'elle se fait grâce à la synthèse des reconstitutions opérées auparavant dans les domaines du droit, de la religion, de la mythologie et de la linguistique, domaines qui lui sont soumis. La définition de cette histoire est loin d'être rigide et étroite.

En France, la naissance du folklore en tant que discipline a donc eu pour condition le rejet dans un passé lointain des traditions populaires (en comprenant sous ce terme aussi bien les croyances et les coutumes que les patois et les monuments mégalithiques), qui deviennent alors des vestiges ou des survivances. Il faudrait pouvoir aussi découvrir la fonction de ce rejet. Nous avons dit qu'il était un artifice destiné à donner une valeur positive à des données sociales dont l'absurdité est par trop choquante. La raison était incapable de justifier, par exemple, le comportement du jeune homme désireux de connaître la couleur des cheveux de celle qu'il épousera. Il doit, la veille de la Saint-Jean, faire trois fois le tour « de ce qu'on appelle le feu de joie », prendre un tison enflammé, le laisser éteindre dans sa main gauche et le soir, avant de se coucher, le mettre sous le chevet de son lit, enveloppé d'une chemise qu'il a portée trois jours ; il faut que tout cela se fasse les yeux clos, sans quoi le charme n'opère pas. Le lendemain matin, au lever du soleil, le jeune homme trouve, autour de son tison, des cheveux de la couleur que doivent avoir ceux de sa future épouse [76].

Il est manifeste qu'il n'existe aucun lien logique apparent entre cette série de gestes et le résultat recherché. Cette pratique serait donc à classer parmi les « erreurs », si elle n'était considérée comme un vestige d'un système beaucoup plus ancien, dans lequel elle était dotée d'un sens maintenant disparu avec le système lui-même. Un fragment de statue trouvé par un archéologue n'acquiert de sens que s'il reconstitue, en pensée et grâce aux connaissances qu'il possède, le monument dans son intégrité. Les archéologues des traditions populaires, que voulaient être les fondateurs de l'Académie celtique, s'étaient donné pour tâche la reconstitution de l'histoire et de la culture celtes qui auraient fourni la clé permettant d'expliquer des croyances et des pratiques aussi étranges.

Cette fonction du renvoi dans le passé des traditions populaires n'explique cependant pas entièrement le choix de ce mode précis de justification. Il ne faut pas oublier non plus que cette notion de survivance, après avoir été bien formulée par les fondateurs de l'Académie celtique sous le vocable de monument, est restée le concept fondamental du folklore jusqu'à nos jours. Les folkloristes n'en ont en effet jamais fait une critique sérieuse, victimes apparemment crédules et consentantes des gens dont ils recueillent les traditions et qui, eux-mêmes, pratiquent ce rejet dans le passé. En demandant la raison d'une croyance ou d'une pratique, on s'attire cette réponse inéluctable : « On fait cela parce qu'on l'a toujours fait, nos grands-pères avant nos pères et nos aïeux avant nos grands-pères » ; ou plus récemment : « c'est autrefois qu'on croyait telle chose, qu'on faisait comme ça ; il n'y a que les vieux qui savent encore ces choses-là ».

Ce trait du folklore est par conséquent très marqué, puisqu'il est aussi bien le fait des observateurs que des observés. C'est donc une question qui dépasse le simple problème d'ordre historique de la naissance du folklore en tant que discipline. Pourquoi les traditions populaires sont-elles vécues et appréhendées comme des archaïsmes ?

Quittant le domaine du collectif pour celui de l'individuel, on sait depuis Freud que certains événements des premières années de la vie enfantine fonctionnent comme des archaïsmes et subsistent chez l'adulte comme des forces régissant ses représentations et son comportement, sans qu'il le sache lui-même et bien qu'ils puissent prendre la forme de souvenirs conscients. Ce rapprochement entre survivances individuelles et survivances collectives n'est pas nouveau, puisque Freud déclarait déjà dans l'*Interprétation des rêves* : « On retrouve [la symbolique du rêve] dans toute l'imagerie inconsciente, dans toutes les représentations collectives, populaires, notamment dans le folklore, les mythes, les légendes, les dictons, les proverbes, les jeux de mots courants : elle y est même plus complète que dans le rêve. » Et plus loin : « Chaque fois que la névrose se dissimule sous ces symboles, elle suit à nouveau les voies qui furent celles de l'humanité primitive et dont témoignent maintenant nos langues, nos superstitions et nos mœurs quelque peu ensevelies [77]. »

L'ouvrage de Freud qui concerne le plus notre problème, c'est *Moïse et le monothéisme*, puisqu'il considère les rapports entre histoire, mythe et religion. Dans l'*Interprétation des rêves*, il se contentait d'affirmer la similitude des symbolismes individuel et collectif. Dans *Moïse et le monothéisme*[78], il se demande sous quelle forme peut subsister une tradition et comment on peut la concevoir. Et il n'hésite pas à affirmer que « les masses comme l'individu gardent sous forme de traces mnésiques inconscientes les impressions du passé[79] ». L'hérédité archaïque de l'homme comporte des contenus idéatifs laissés par les expériences faites par les générations antérieures. Il voit très bien que cette affirmation va à l'encontre de la théorie darwinienne qui exclut l'hérédité des caractères acquis. Il maintient cependant son affirmation en la nuançant : il ne s'agit pas tant de qualités acquises que « de traces mnésiques, d'impressions du dehors, c'est-à-dire de quelque chose de presque concret [...] En admettant que de semblables traces mnésiques subsistent dans notre hérédité archaïque, nous franchissons l'abîme qui sépare la psychologie individuelle de la psychologie collective et nous pouvons traiter les peuples de la même manière que l'individu névrosé[80] ».

Il faut remarquer tout d'abord cette expression : « quelque chose de presque concret », et la rapprocher de l'insistance qu'ont mise les fondateurs de l'Académie celtique à qualifier de matériels les « dépôts » laissés par l'histoire ancienne, même s'il s'agit de langues ou de croyances, d'où ce terme de « monument » dont nous avons longuement parlé. Il faut aussi noter que Freud exclut, dans le cas dont il s'occupe, que ces traces aient emprunté le truchement de la tradition, puisqu'un long oubli par le peuple juif des enseignements religieux de Moïse est nécessaire à sa thèse générale.

Beaucoup plus tôt dans son œuvre en 1904, Freud avait explicitement comparé les symptômes des névrosés, particulièrement des hystériques, à des monuments architecturaux, parce que ce sont des réminiscences, des résidus, des symboles commémoratifs de certains événements traumatiques. « Ainsi à Londres, vous trouverez devant une des plus grandes gares de la ville une colonne gothique richement ornée : *Charing Cross*. Au XIIIe siècle, un des vieux rois Plantagenêt, qui faisait transporter à Westminster le corps de la reine Eléonore, éleva des croix gothiques à chacune des stations où le cercueil fut posé à terre [...] Ces monuments sont des " symboles commémoratifs " comme les symptômes hystériques[81]. » Des habitants de Londres qui, de nos jours, s'arrêteraient devant ces monuments et pleureraient au souvenir des événements qu'ils évoquent, se comporteraient comme ces névrosés qui sont affectivement fixés à une époque de leur passé au point de négliger la réalité et le présent. Pour Tylor aussi les survivances étaient des « débris de civilisations mortes enclavés dans une civilisation vivante », débris qu'on pourrait à juste titre « blâmer » comme étant une sorte de pathologie sociale et historique. Ce jugement de valeur mis à part, on ne peut qu'être frappé par la conformité de fonctionnement entre les symptômes, les monuments commémoratifs et les traditions populaires considérées comme survivances, même si les raisons et le fonctionnement de cette conformité ne sont pas très explicites.

Les rapports entre l'histoire et le folklore ont été soumis pendant longtemps à une seule alternative : l'inclusion ou l'exclusion. La majorité des folkloristes du xixe siècle et du début du xxe ont considéré que leur discipline dépendait de l'histoire, lui était soumise ou n'en constituait qu'un domaine. Mais Van Gennep contesta violemment cette position, affirmant l'indépendance du folklore en tant que discipline, le considérant comme une science de nature biologique et non historique. Ce rapprochement avec la biologie fut en général fort mal compris par ses contemporains. Il ne voulait en fait qu'exprimer une idée simple : le folklore est une science qui s'attache à l'actuel, au vivant, et non au passé qui est pour lui synonyme de mort.

Ces deux positions extrêmes sont aussi intenables l'une que l'autre. Van Gennep, en dépit de ses déclarations de principe, ne peut exclure totalement l'histoire du folklore. Par exemple, il la réintroduit subrepticement en parlant de « chaîne traditionnelle[82] » ; ou bien il entretient une certaine équivoque en considérant parfois le folklore français dans une synchronie large qui irait du xvɪᵉ siècle, sinon même du Moyen Age, jusqu'à nos jours.

En revanche, les folkloristes historicisants semblent ignorer qu'une croyance ou une coutume ne peuvent jamais être de pures survivances. Elles sont parfois des archaïsmes par rapport à la culture dominante, elles ne sont jamais des anachronismes. Pour se maintenir en effet, les traditions doivent garder une fonction dans la culture dont elles font partie. C. Lévi-Strauss le dit très clairement à propos des croyances et des coutumes de Noël dans notre propre société. « Les explications par survivance sont toujours incomplètes ; car les coutumes ne disparaissent ni ne survivent sans raison. Quand elles subsistent, la cause s'en trouve moins dans la viscosité historique que dans la permanence d'une fonction que l'analyse du présent doit permettre de déceler [...] Nous sommes en présence avec les rites de Noël, non pas seulement de vestiges historiques mais de formes de pensée et de conduite qui relèvent des conditions les plus générales de la vie en société. Les Saturnales et la célébration médiévale de Noël ne contiennent pas la raison dernière d'un rituel autrement inexplicable et dépourvu de signification ; mais elles fournissent un matériel comparatif utile pour dégager le sens profond d'institutions récurrentes[83]. »

Il faut admettre, d'une part, que les traditions populaires s'inscrivent dans l'histoire de la culture à laquelle elles appartiennent et que, d'autre part, elles ne peuvent être de pures survivances dépourvues de fonction à l'époque où on les recueille. Elles sont des hybrides et leur nature participe à la fois de l'histoire et du mythe. Peut-être vaudrait-il mieux utiliser le terme de mémoire à la place de celui d'histoire. Il rend mieux compte de la sorte de transmission qui est ici impliquée. Elle n'a évidemment rien à voir avec celle que permettent les documents écrits, bien qu'il s'agisse de traces pourvues de matérialité, on l'a déjà dit. A vrai dire, l'investissement, dont elles sont chargées à chaque point de la diachronie, provient pour la plus grande part du fait même qu'elles sont transmises de génération en génération. Cette chaîne traditionnelle (pour reprendre l'expression de Van Gennep) est censée remonter jusqu'à une origine qui lui assure une fondation d'ordre mythique, puisque les origines — on l'a dit plus haut — ne procèdent pas de l'histoire, mais du mythe. On trouve dans la *Sylvie* de Gérard de Nerval un charmant exemple de ce mécanisme :

> « Mon regard parcourait vaguement le journal que je tenais encore, et j'y lus ces deux lignes : " Fête du Bouquet provincial. — Demain les archers de Senlis doivent rendre le bouquet à ceux de Loisy. " Ces mots, fort simples, réveillèrent en moi toute une nouvelle série d'impressions : c'était un souvenir de la province depuis longtemps oubliée, un écho lointain des fêtes naïves de la jeunesse. Le cor et le tambour résonnaient au loin dans les hameaux et dans les bois ; les jeunes filles tressaient des guirlandes et assortissaient, en chantant, des bouquets ornés de rubans. Un lourd chariot traîné par des bœufs recevait ces présents sur son passage, et nous, enfants de ces contrées, nous formions le cortège avec nos arcs et nos flèches, nous décorant du titre de chevaliers, — sans savoir alors que nous ne faisions que répéter d'âge en âge une fête druidique survivant aux monarchies et aux religions nouvelles [84]. »

Une coutume de ce genre se trouve doublement fondée par le fait qu'elle s'est transmise « d'âge en âge » et que son origine est attribuée aux druides (notons la réapparition de l'idéologie celtique chère au XIXe siècle). On y voit aussi le mécanisme de la « souvenance » individuelle : une trace matérielle (en l'occurrence deux lignes imprimées dans un journal) fait surgir un souvenir d'enfance qui, tout à coup et par surprise, devient comme actuel et réel, au point que le narrateur s'empresse de prendre la diligence pour retrouver les lieux évoqués. G. de Nerval a particulièrement bien décrit ce mécanisme et il en existe de nombreux exemples dans son œuvre. L'intérêt qu'il portait au folklore trouve une justification supplémentaire dans la parenté qui existe, et qu'il pressentait peut-être, entre le souvenir personnel et les traditions collectives. C'est à ce titre qu'il mérite le nom de folkloriste autant que pour avoir recueilli des chansons du Valois ; et cependant il fut un des premiers à faire en France une collecte de ce genre.

Le discrédit envers l'idée celtique, qui succède à partir de 1815 à la vogue dont elle avait joui auparavant, eut pour conséquence un désintérêt progressif, mais très net, pour les traditions populaires. Dans les *Mémoires de l'Académie celtique*, les textes se partageaient à peu près également entre les recherches sur les croyances, usages et patois d'une part et, d'autre part, les travaux historiques ou archéologiques. A vrai dire la séparation était rarement aussi nette, car les archéologues, par exemple, n'omettaient jamais dans leurs relevés des monuments mégalithiques de s'enquérir des croyances et des coutumes qui s'y attachaient, de les recueillir et de les rapporter. Avec les premiers tomes que fait paraître la Société des Antiquaires, la proportion des mémoires historiques augmente, jusqu'à remplir totalement chacun des volumes paraissant après 1830, à de très rares exceptions près. Autres preuves du discrédit qui s'attache désormais à l'étude des traditions populaires : dans les huit premiers volumes de la Société des Antiquaires ne sont publiés que des manuscrits antérieurement remis à l'Académie celtique ; les mémoires nouveaux sont seulement mentionnés dans le Rapport annuel. D'autre part, E. Johanneau, membre fondateur, secrétaire perpétuel de l'Académie celtique et farouche celtomane, envoie sa démission à la Société des Antiquaires le 29 décembre 1827. Enfin les notices nécrologiques qui paraissent après 1830 escamotent les activités et les recherches folkloriques des membres fondateurs.

Jusque vers 1880, les recherches folkloriques ne seront en France que le fait d'un petit nombre d'érudits locaux, curieux des mœurs et des récits populaires de leur province et travaillant chacun de façon très isolée : Laisnel de la Salle dans le Berry (entre 1840 et 1870), Alexandre Bouët en Bretagne (vers 1835-1838), Lamarque de Plaisance dans le Bazadais (1845), Louis Dubois en Normandie (1809-1843), etc. Ce

seront la fondation de *Mélusine* par Henri Gaidoz et Eugène
Rolland en 1877, et surtout celle de la *Revue des Traditions
populaires* par Paul Sébillot en 1886, qui témoigneront de la
renaissance de l'intérêt pour le folklore, suffisamment marqué
pour susciter un grand concours de travaux tant locaux que
généraux.

Un véritable fossé idéologique sépare les travaux français des
recherches allemandes en ce début du xixe siècle. La théorie
des Grimm leur permet d'attribuer la plus haute valeur aux
productions folkloriques dans la mesure où elles sont issues
pour l'essentiel de la poésie de nature, elle-même d'inspiration
divine. Pour les savants de l'Académie celtique, ces mêmes
productions n'ont de valeur que dans la mesure où elles sont
des survivances de l'antiquité vénérée de la nation. Cette valeur
est fondée, à leurs yeux, dans l'histoire. Ils ne peuvent donc en
reconnaître la nature fondamentale, qui est mythique. Cette
profonde méconnaissance les amènera très vite à se désintéres-
ser de la collecte des traditions populaires dont l'absurdité
apparente se révélera insurmontable, même en les soumettant à
la discipline de l'histoire. Il faudra attendre en France le
dernier quart du xixe siècle pour qu'un intérêt national se
manifeste de nouveau pour ces matériaux, sans doute sous la
pression des théories et des travaux de l'étranger.

CHAPITRE IV

LA MYTHOLOGIE INÉVITABLE
FRIEDRICH MAX MÜLLER

> « *La faculté avec laquelle les peuples oublient leurs origines
> sera toujours un sujet d'étonnement. Les anciens mots les
> embarrassent autant que les vieux monuments et les vieilles
> coutumes ; ne pouvant ni les comprendre, ni les oublier, toutes les
> explications qui en rendent compte leur semblent bonnes.* »
>
> Michel BRÉAL, *Mélanges de mythologie et de linguistique.*

Friedrich Maximilien Müller, né en 1823 à Dessau, capitale
du duché d'Anhalt-Dessau, appartient à la génération qui suit
celle des frères Grimm, celle qui a découvert avec émerveillement la poésie populaire. Le père de Max Müller, Wilhelm,
était poète : il appartenait au cercle littéraire berlinois de Von
Arnim. Entre autres œuvres, il a composé les deux cycles de
poèmes de *La Belle Meunière* et du *Voyage d'hiver,* que
Schubert mettra en musique respectivement en 1824 et 1827. Il
publie *La Belle Meunière* comme étant l'œuvre d'un musicien
populaire anonyme, s'abritant, sans que personne ne s'y
trompe, sous le couvert du savoir instinctif du peuple, créant
spontanément en dehors de toute règle littéraire et n'étant lui-
même qu'un agent de transmission, puisque cette poésie est en
fin de compte d'origine divine. Wilhelm Müller écrit dans son
Journal : « Je ne sais ni jouer ni chanter, et cependant quand
j'écris ces poèmes, je chante et je joue. Si je pouvais créer moi-
même ces mélodies, alors mes *lieder* plairaient encore plus que

maintenant. Mais j'espère avec confiance qu'il pourra se trouver une âme semblable à la mienne, qui saisira les mélodies glissées sous les mots et me les restituera[85]. » C'est par hasard que Schubert prend connaissance de ce cycle de poèmes. Il les met en musique avec la simplicité et la limpidité que demandait Müller ; non seulement le poète et le musicien ne se rencontrèrent jamais, mais W. Müller ne connut pas l'œuvre de Schubert. On a parfois dit qu'il était un mauvais poète. Les thèmes qu'il traite correspondent en tout cas à ceux que chérit le romantisme allemand : l'errance, le voyage, l'amour impossible, la nostalgie, le recours à la nature bénéfique. Il n'est pas indifférent que le père de Max Müller ait participé à ce mouvement du romantisme allemand qui voulait retrouver la poésie dans sa spontanéité primitive.

La seconde génération perd un peu de cet émerveillement naïf devant les créations populaires découvertes ou recréées. Mais Max Müller et d'autres savants connaîtront ce même sentiment quand ils seront mis en présence de textes dont la révélation se fait dans la première moitié du XIXᵉ siècle : les textes sacrés des Védas de l'Inde. On les considère alors comme les textes les plus anciens, les plus primitifs de la civilisation indo-européenne. La découverte de la civilisation ancienne de l'Inde est d'une grande importance intellectuelle dans le développement des travaux de philologie, de mythologie et d'histoire des religions. On pense accéder en effet aux origines mêmes de la civilisation indo-européenne, en saisissant dans les textes des Védas et dans leur langue, le sanscrit, le soubassement le plus primitif de la culture européenne. « Une chose que nous pouvons voir clairement, c'est que la position occupée dans la science du langage par le sanscrit, comme étant le plus primitif et le plus transparent des dialectes aryens, sera occupée dans la science de la mythologie par le Véda et son système religieux si primitif aussi et si transparent. Dans les hymnes du Rig-Véda, nous possédons encore le dernier chapitre de la véritable théogonie des races aryennes ; nous y entrevoyons, comme derrière la scène, les acteurs qui doivent plus tard offrir aux yeux un si magnifique spectacle dans le drame des dieux de l'Olympe. Là, dans le Véda, le Sphynx de la Mythologie laisse encore échapper quelques mots qui trahissent son secret [86]. » Il faut remarquer que la découverte de la civilisation ancienne de l'Inde, et l'effervescence intellectuelle qu'elle provoqua, est la conséquence de sa conquête militaire par les Anglais. C'est en 1819 qu'ils contrôlent tout le pays. Cette conquête coloniale ouvrit un champ tout nouveau à l'investigation scientifique européenne : l'étude du sanscrit donna naissance à la grammaire et à la philologie comparées, puis à des nouvelles spéculations sur l'origine, la nature et l'histoire de la mythologie ; l'histoire des religions y découvrit un grand système religieux autre que le christianisme ; l'étude des institutions primitives et du droit y trouva aussi des matériaux abondants. De la même façon les conquêtes coloniales de la seconde moitié du siècle ouvriront à l'investigation européenne le domaine immense des cultures primitives, sauvages. Et l'on peut dire que la première génération, celle du préromantisme et du premier romantisme, avait découvert les peuples qu'on pourrait considérer comme colonisés de l'intérieur : le peuple. L'effervescence intellectuelle provoquée par la découverte successive de ces matériaux mythologiques nouveaux, inconnus jusque-là, a pour cause essentielle la conviction qu'à chaque fois on accède enfin au primitif, à l'originaire et qu'on va donc pouvoir reconstituer une histoire et une évolution, que ce soit dans le domaine du mythe, de la poésie, du droit, des coutumes, des croyances, de la religion, de la langue.

Max Müller fait des études universitaires à Dessau, puis à Leipzig et enfin à Berlin où il se spécialise définitivement en philologie comparée, suivant les cours de Franz Bopp qui avait établi les lois de parenté et d'évolution des langues indo-européennes. En 1845, Max Müller vient à Paris pour suivre les cours d'Eugène Burnouf, spécialiste des études indianistes, au Collège de France : c'est celui-ci qui orientera définitivement les recherches de Max Müller. Il lui confie la tâche de traduire et de publier le Rig-Véda, c'est-à-dire le Véda des hymnes.

Pour mener à bien cette entreprise, Max Müller devra se rendre en Angleterre, où la Compagnie des Indes conservait les meilleurs manuscrits. Il s'y fixera définitivement. La Compagnie des Indes, avant de confier cette tâche à ce jeune savant, essaie de trouver en Inde même des érudits indigènes : aucun n'y consent en raison du fait qu'ils considéraient ces textes comme sacrés. La Compagnie des Indes prend à sa charge les frais de la traduction et de la publication, assumées dès lors par Max Müller. Le premier volume paraît en 1849 ; le second en 1854 ; le troisième en 1856. La Compagnie des Indes disparaît ensuite, mais le gouvernement anglais assume la charge financière pour les volumes suivants. En 1850, Max Müller est nommé à Oxford professeur adjoint des langues et littératures de l'Europe moderne et, en 1854, il devient titulaire de cette chaire. En 1861, il échoue dans sa candidature à une chaire de professeur de sanscrit, mais en 1865 il est nommé conservateur des manuscrits orientaux de la bibliothèque bodléienne d'Oxford. Il meurt en 1900, ayant vu ses théories fortement contestées et leur gloire entamée sous les coups de la jeune école anthropologique anglaise, qui élabore une nouvelle théorie de la mythologie à l'aide des matériaux collectés par les ethnographes travaillant dans les populations considérées comme primitives, encore existantes et observables, éparpillées dans les régions lointaines du globe que les conquêtes coloniales ouvrent à cette époque.

Le primitif et l'originaire, Max Müller les découvre dans la plus ancienne histoire de la culture européenne, dans ces textes des Védas et dans leur langue, encore archaïques et « transparents ». Et c'est en effet dans l'étude de la langue qu'il fonde sa théorie de la mythologie. Il n'est donc pas possible de faire l'économie du détour par ce qu'il appelle « science du langage », si l'on veut accéder à une compréhension de ce qu'est la mythologie[87]. Le langage n'est devenu que récemment un objet d'étude, laquelle n'a pas encore reçu de nom précis : philologie comparée, étymologie scientifique, phonologie, glossologie. On utilise en France le terme commode, « mais un peu barbare », de linguistique. On pourrait proposer *mytholo-*

gie de *mythos*, mot, mais le terme a déjà une acception particulière, ou *logologie*, de *logos*, discours, mais les oreilles classiques s'en offusqueraient. On se contentera donc de *science du langage*. Le langage est la barrière qui sépare l'homme et les animaux : en fait, véritable abîme que rien ne viendra jamais combler. Il est nécessaire de placer la science du langage dans la classification générale des sciences avec ses deux grandes divisions : sciences de la nature qui traitent des œuvres de Dieu, et sciences historiques qui traitent des œuvres de l'homme. La philologie semble appartenir aux sciences historiques puisqu'elle traite le langage comme un instrument et ne s'occupe en fait que des langues particulières dans leurs productions littéraires. La philologie comparée a cependant un tout autre but : elle étudie le langage et non les langues ; elle cherche à savoir ce qu'il est et comment il peut servir d'organe à la pensée ; elle veut connaître son origine, sa nature et ses lois. On a souvent considéré le langage comme une invention de l'esprit humain se donnant les moyens de communiquer, donc comme une œuvre artificielle et non comme un produit de la nature. Il se distingue en effet des produits de la nature dans la mesure où il est susceptible de développement et de perfection-nement. Toutes les langues évoluent ; il existe un nombre important de dialectes ; on peut dire de certaines langues qu'elles sont respectivement mère et filles, comme le latin par rapport à l'italien et au français. Mais on sait également que personne n'a le pouvoir de modifier une langue. Les change-ments continus qu'on observe ne peuvent être ni produits, ni empêchés. « Autant vaudrait songer à modifier la circulation de notre sang, ou à ajouter un pouce à notre taille qu'à changer les lois du langage ou à inventer de nouveaux mots [88]. » Dans la fixation et les variations d'une langue se trouvent combinés les deux éléments opposés de la nécessité et du libre arbitre. « Quoique l'individu semble jouer le rôle d'agent principal dans la production de nouveaux mots et de nouvelles formes grammaticales, il n'a ce pouvoir que dans le cas où son individualité s'est comme confondue dans l'action commune de

la famille, de la peuplade ou de la nation à laquelle il appartient. Seul, il ne peut rien, et la première impulsion pour la création d'une nouvelle forme dans le langage, bien que donnée par un individu l'est généralement, sinon toujours, sans préméditation et sans conscience de cet acte. L'individu en tant qu'individu est impuissant, et les effets qu'il paraît produire dépendent de lois non soumises à son contrôle, et de la coopération de tous ceux qui forment avec lui une seule classe, un seul corps ou un ensemble organique [89]. » On ne peut donc parler en toute rigueur d'*histoire* du langage, puisque l'histoire s'applique aux actions d'agents libres. Parlons plutôt de *développement* pour désigner ces modifications qui s'opèrent avec le temps, grâce à des combinaisons toujours nouvelles d'éléments donnés, qui ne peuvent pas être produites par la volonté d'agents libres et qu'il faut bien reconnaître comme le produit des forces de la nature. Il est nécessaire par conséquent de classer la philologie comparée parmi les sciences naturelles et non parmi les sciences historiques ou morales, sans méconnaître les liens qu'elle entretient avec l'histoire politique de l'homme. On peut se passer de l'histoire humaine, de celle des individus, des familles, des peuples, des nations, des races, pour analyser et classer les langues que ces groupes parlent.

La science du langage, science naturelle donc, reçut une impulsion décisive lors de la découverte du sanscrit. Le sanscrit est une langue (« la langue », dit Max Müller) des anciens habitants de l'Inde, parlée jusque vers 300 avant notre ère et restée langue littéraire et sacrée des brahmanes. Les savants qui commencèrent à l'étudier ne purent qu'être frappés par la ressemblance extraordinaire, l'identité parfois, entre ses formes lexicales et grammaticales et celles du grec et du latin. Les premiers travaux de la seconde moitié du XVIIIᵉ siècle trouvent un aboutissement dans l'ouvrage de Friedriech Schlegel, *La Langue et la sagesse des Indiens*, paru en 1809, ouvrage qui constituera aussi une charnière entre les travaux des pionniers et ceux des philologues du XIXᵉ siècle, Franz Bopp,

Jacob Grimm, qui pourront affirmer l'existence d'une famille de langues qualifiées d'abord d'indo-germaniques, la langue germanique prétendant à la filiation la plus directe et la plus pure, puis d'indo-européennes. Cette langue originaire permettra de comprendre les mécanismes de formation du langage et de la mythologie qui s'y fonde.

Lorsqu'on s'efforce d'analyser un mot, après en avoir distingué les éléments formels et intelligibles, reste la racine qui en soi n'a rien de compréhensible et qui ne relève pas de la grammaire. On peut postuler qu'à l'origine de ces racines il y a une expression vocale, un cri, une interjection, produits par des impressions extérieures et qu'un certain nombre de ces expressions vocales se confondent ensuite en une expression générale, laissant la racine comme signe représentant cette notion générale. Ce n'est pas le hasard qui préside à ce processus : il est le produit de la raison humaine et de la raison de la nature. Cette double raison sélectionne, par un procédé analogue à celui de la sélection naturelle, les notions générales et leurs dénominations spécifiques à chaque langue, les racines. Celles-ci constituent les *centres spécifiques* du langage. Ainsi la racine aryenne *mar,* qui signifie broyer, a donné naissance à tout un réseau d'idées, par le jeu de la logique, mais aussi par celui de l'imagination poétique qui joue un rôle aussi grand que celui du jugement. On voit alors que *mar* constitue la racine de toute une série de termes en rapport avec l'action de broyer dans les langues indo-européennes (la meule, le moulin, le meunier, la molaire, etc.). La forme intransitive de *mar* nous amène à marasme, ce qui se consume, ce qui se fane, la dissolution de la vie, le dépérissement graduel du corps humain, c'est la mort et *morbus,* la maladie en latin. La même langue fournit le terme *mora,* laps de temps, délai : expression naturelle du lent écoulement du temps qui se consume insensiblement. Le sanscrit *maru,* c'est le désert ; le latin *mare,* c'est le désert des eaux, la mer, plaine stérile. En sanscrit encore *Marut,* c'est l'orage, c'est-à-dire le broyeur, le briseur : et les Maruts sont les divinités guerrières, compagnons d'Indra. Jean-Paul Richter appelait le langage le « dictionnaire des métaphores fanées ». Le philologue a pour tâche de rendre à ces métaphores leur vivacité et leur fraîcheur premières. La parole humaine, à l'aide de ce petit nombre de racines matérielles, « a pu vêtir décemment l'innombrable progéniture de l'esprit, ne négligeant aucune idée, aucun sentiment, sauf, peut-être, ce petit nombre d'idées et de sentiments que les poètes disent être inexprimables [90] ». Avec les racines signifiant « briller, être éclatant », on a formé des noms pour le soleil, la lune, les étoiles, les yeux de l'homme, l'or, l'argent, le jeu, la joie, le bonheur, l'amour. Avec les racines qui voulaient dire « aller », on a tiré des noms pour les nuages, le lierre, les plantes grimpantes, les reptiles, les bestiaux, les biens meubles, etc. Le processus de dérivation métaphorique, qui semble pouvoir s'exercer presque à l'infini, emprunte deux modes différents selon les cas. La métaphore radicale permet de former des noms par transposition de l'idée fondamentale exprimée par la racine sur d'autres objets ou idées. La métaphore poétique transpose un verbe ou un nom déjà formé et attaché à une action ou un objet à une autre action ou un autre objet. C'est de cette manière que les anciens appelaient mains ou doigts du soleil ses rayons ; montagnes, les nuages ; vaches célestes aux pesantes mamelles les nuées grosses de pluie, etc. Ou lorsqu'une action telle que « donner naissance » est dite de la nuit qui précède le jour.

Il a existé une période dans l'histoire du langage où des objets distincts et différents recevaient un même nom dont la racine exprimait le caractère commun qu'ils partageaient, homonymes donc et où, en revanche, un même objet recevait plusieurs noms destinés à désigner les divers caractères ou propriétés qu'il présentait. Les deux procédés, homonymique et polyonymique, sont typiques de la période mythique ou mythologique du langage. Max Müller précise bien qu'il ne s'agit pas d'une période strictement déterminée dans la chronologie des peuples. Il s'agit plutôt d'une tendance, d'une prédominance, qu'on peut retrouver parfois à une époque précise, mais aussi à toutes les époques, y compris la nôtre. Or, « toutes les fois qu'un mot quelconque, après avoir été employé métaphoriquement, est employé sans que l'on ait une conception claire des degrés par lesquels il a passé de sa signification originelle à son sens métaphorique, il y a danger de mythologie ; toutes les fois que ces degrés sont oubliés et remplacés par des degrés artificiels, nous avons de la mythologie, ou, si je puis m'exprimer ainsi, nous avons une maladie du langage, soit que ce langage traite d'intérêts religieux ou d'intérêts profanes[91] ».

La formulation de la mythologie comme maladie du langage, devenue célèbre autant par le succès qu'elle rencontra que par les critiques qu'elle dut affronter ensuite, constitue le noyau de la théorie de Max Müller. Aussi étonnante et inacceptable qu'elle soit, elle mérite d'être élucidée, dans la mesure où elle a été réduite, sinon même mutilée jusqu'à la caricature par les générations suivantes. Pour les besoins de sa démonstration, Max Müller utilise l'exemple de la façon dont les Grecs désignaient la constellation de la Grande Ourse, *Arktos* (l'ourse). Ce mot provient d'une racine indo-européenne *arch* signifiant « brillant », dont un dérivé *rikta* voulait dire « éclairé, brillant ». Cette racine permit de désigner en sanscrit les étoiles, les « brillantes », mais aussi l'ours, animal à la peau brune et brillante. Lorsque les Grecs — qui n'étaient pas encore les Grecs — quittèrent leur patrie primitive pour s'installer en Europe, ils gardèrent le nom de *Arktos* (dérivé de la racine *arch*) pour désigner le groupe d'étoiles les plus brillantes et visibles toute la nuit, la constellation de la Grande Ourse, mais oublièrent le sens du terme qui justifiait son application à des objets brillants en gardant le sens de l'homonyme, l'ours, qui ne partageait avec le premier qu'un seul caractère. « Et ce regard jeté sur les antiques annales du langage humain fait cesser l'étonnement avec lequel bien des observateurs réfléchis, en contemplant ces sept étoiles brillantes, se sont demandé ce qui avait jamais pu leur faire donner le nom de la Grande Ourse[92]. » Nous avons là un exemple de métaphore radicale, c'est-à-dire contemporaine de la formation des mots, où deux conceptions substantiellement distinctes reçoivent leur nom d'une même racine appliquée différemment. Il existe également les métaphores poétiques. Par exemple, dans les Védas le soleil reçoit l'épithète « à la main d'or », parce que ses rayons sont comme des bras ou des mains. De cette métaphore poétique un mythe est né : le soleil s'étant coupé la main pendant un sacrifice, les prêtres lui fabriquèrent une main artificielle en or. On peut comprendre ainsi pourquoi le dieu de la mythologie scandinave, Tyr, n'a qu'une main. Grimm identifie cette divinité au dieu-soleil de l'Inde ancienne : le soleil a en premier lieu une main artificielle, puis, « par une conclusion strictement logique » dit Max Müller, il n'a plus qu'une seule main. Mais un récit scandinave est créé pour justifier cette particularité : on sait en effet que le mythe raconte comment Tyr avait placé une main en gage dans la gueule du loup Fenrir, pendant que les autres dieux s'efforçaient de neutraliser l'animal monstrueux destiné à engloutir le monde. Ensuite on ne comprit plus pourquoi Tyr avait dû perdre une main ; il devint un dieu de la victoire, qui ne peut se trouver que d'un seul côté, d'où l'asymétrie du dieu.

« Telle est la loi qui préside à la formation d'une légende. A l'origine, elle n'est qu'un simple mot, un *mythos*, un de ces mots nombreux qui n'ont qu'un cours local et perdent leur valeur si on les transporte en des endroits éloignés ; mots inutiles pour l'échange journalier de la pensée, monnaie falsifiée dans les mains de la foule, qu'on ne jette point cependant, mais qu'on garde comme curiosité et comme ornement, jusqu'à ce que l'antiquaire la déchiffre après bien des siècles [93]. » Le mythe naît lorsqu'un mot perd tout ou partie de sa signification d'origine, ainsi que son lien avec la racine concrète dont il est issu. On lui invente alors une autre étymologie, une étymologie fausse dans l'ignorance de la vraie. Cette nouvelle étymologie constitue comme une porte ouvrant à la création des récits mythiques. Tous les peuples ressentent en effet la nécessité impérieuse et indéracinable de doter chaque mot d'une signification étymologique. Mais cette nécessité est ressentie avec plus de force encore pour les noms propres. A l'origine ceux-ci avaient un sens, ils étaient faits pour être compris. Le processus de l'altération phonétique les détache peu à peu de ce sens d'origine, particulièrement lorsque la racine dont ils sont issus est tombée elle-même en désuétude. « Plusieurs de ces noms avaient si complètement perdu leur acception primitive qu'on inventa pour eux des étymologies artificielles et fausses, qui leur rendirent le pouvoir de parler à l'intelligence des fidèles. Ainsi Indra, au lieu d'être conçu comme le dispensateur de la pluie (*ind-u*) se rattache à une racine qui signifiait " régner, être souverain ", en accord avec le caractère du Roi des dieux qui lui fut postérieurement attribué [...] Toutes les langues fourmillent d'étymologies de ce genre, dites étymologies populaires, qui n'épargnent pas plus le commun des mots que les noms propres : *dêva*, dieu, venant d'une racine signifiant " briller ", fut ramené à une racine *dâ* " donner ", les dieux devenant des donateurs, des dispensateurs [94]. » Le folklore abonde en étymologies populaires qui obéissent au même procédé, et démontre que le stade mythologique du langage est bien, à la fois, une étape dans l'évolution des peuples et un mécanisme toujours présent de façon plus ou moins latente.

Max Müller trouva en France un disciple éminent en la personne du linguiste Michel Bréal (1832-1915), qui avait, lui aussi, suivi les cours de F. Bopp à Berlin. Dans un de ses ouvrages, il présente « à la française » la théorie de Max Müller, en même temps qu'il propose une application de celle-ci à la légende latine d'Hercule et Cacus [95]. On a considéré la mythologie jusqu'à présent, dit-il, comme une science d'interprétation. Le caractère étrange des récits mythiques laissait croire qu'ils recélaient une signification cachée. Lorsqu'on pensait avoir découvert celle-ci, on ne se demandait pas pourquoi telle idée avait revêtu telle forme mythique plutôt que telle autre. Mais « l'interprétation est un système trompeur » : elle trompe sur le vrai caractère de la mythologie, faisant croire que « la fable est un vêtement jeté sur la vérité pour laisser à l'esprit le mérite de la découvrir ». En réalité les

mythes ne sont ni des faits historiques déguisés, ni des
allégories, ni des métaphores, ni des symboles ; ils ne contiennent aucun mystère. C'est le langage, comme nous l'a appris
Max Müller, qui a créé les images de la mythologie. Aux
premiers temps du langage tous les mots étaient pleins, comme
lourds de signification et restaient proches de leur sens concret
d'origine. La simple description des spectacles de la nature
devenait alors de véritables drames dont les acteurs étaient des
personnages divins. Mais les créateurs de ces premiers mythes
naturalistes n'étaient pas dupes de cette illusion du langage :
« ils se complurent à leurs enchantements sans y croire ». Les
poètes des Védas connaissaient la signification des récits qu'ils
inventaient ou répétaient. Mais le langage évolue, « il perd sa
transparence » et les mots qui désignaient les forces de la
nature deviennent alors des noms propres. A l'époque védique
Dyaus désigne le ciel ; la forme grec *Zeus* est un nom propre :
« Pour qu'un dieu prenne de la consistance dans l'esprit d'un
peuple, il faut que son nom soit sorti du langage usuel [...]
C'est ainsi que les fables se formèrent. On peut dire à la rigueur
que l'homme n'y est pour rien ; ce sont les causes situées en
dehors de lui, c'est la langue avec ses variations qui est le
véritable auteur de la mythologie [96] ». En d'autres termes
Numen est nomen.

Les hommes y ont cependant leur part. Une fois née du
langage devenu opaque, la mythologie est développée, arrangée
par les poètes. Dans cette tâche les Grecs se montrèrent pleins
de génie : « La mythologie fut pour eux comme une langue
dont ils ne savaient ni les lois ni l'origine, mais qu'ils parlaient
naturellement avec justesse et avec esprit [97] ». Cependant
l'essentiel de la mythologie, la majorité des mythes a été
produite par « le travail latent et continu du langage ». La
différence se remarque aisément : les ajouts et les arrangements qui sont l'œuvre délibérée des hommes présentent une
apparence raisonnable que n'ont pas les récits issus de la
dégradation du langage. A cet égard, les Védas constituent des
textes capitaux en ce sens qu'ils sont comme une version

rajeunie, « débarrassée de toutes les altérations du temps », de la mythologie grecque. « Pour la première fois on se trouva sur un terrain solide pour juger une époque primitive : on eut le spectacle nouveau d'une religion sans théologie, d'un ensemble de dieux sans théogonie ; on sut au juste ce qu'il fallait penser des hypothèses émises sur l'origine des croyances religieuses et sur l'enfance de l'humanité [98]. » Les Védas nous montrent la mythologie *in statu nascendi*. Ce qu'on retrouvera dans les mythologies de l'Europe ancienne comme une geste mythique n'est dans les Védas qu'une simple métaphore. Un rituel religieux incompréhensible chez les Grecs et les Latins s'éclaire si on le rapproche d'un usage connu dans l'Inde ancienne. Même lorsque les Védas présentent un mythe achevé et complet, la langue dans laquelle il est exposé est en elle-même un commentaire. « Les termes qui, en latin et en grec, ne sont plus que des noms propres, sont noms communs dans l'idiome védique : replacés dans un milieu analogue à celui où ils ont pris naissance, ils recouvrent la transparence et la vie [99]. »

On retrouve chez Michel Bréal le même émerveillement devant les Védas que connut Max Müller, et sans doute d'autres linguistes et philologues du xixᵉ siècle qui laissèrent après eux des noms plus obscurs. On a dit que le premier travail de Max Müller fut de traduire et de commenter ces textes. Cette œuvre considérable lui permit d'acquérir une connaissance approfondie, intime de ceux-ci, dont il était littéralement imprégné. Ils devinrent pour lui l'alpha et l'oméga de toute mythologie et la clé ouvrant à la compréhension de tous les mythes. Or paradoxalement les Védas contiennent très peu de récits mythiques explicites. Ce sont des textes religieux à forme poétique, comprenant des hymnes, des rituels, des sacrifices, etc. Pour Max Müller, ils étaient les plus anciens textes conservés des cultures et des peuples indo-européens : ils devenaient du même coup le prototype et la source de toutes les mythologies de l'ancienne Europe et livraient la clé du mécanisme de la création mythique. Et puisque ces textes utilisaient abondamment la métaphore, celle-ci devenait dès lors le mythe *in statu nascendi* et celui-ci retrouvait sa raison d'être, tandis que le langage, opacifié par l'altération du temps, retrouvait sa transparence, sa limpidité, mais aussi son poids de sens.

La théorie de Max Müller, issue de sa connaissance intime des Védas, lui permet de surmonter une difficulté considérable à laquelle se heurtent tous les chercheurs qui s'intéressent à la mythologie, à savoir son étrangeté foncière, son absence totale de rationalité et d'éthique. Il vaut la peine de rapporter les termes mêmes par lesquels Max Müller dénonce ce défaut fondamental de la mythologie.

« Plus nous admirons le génie natif de la race hellénique, plus nous éprouvons de surprise à la vue de ce qu'a d'absurde et de cru leur religion, telle que la tradition nous la présente. Leurs philosophes les plus anciens savaient aussi bien que nous que la divinité, pour être la divinité, ne peut être moins que parfaite, qu'elle doit être une et non multiple, et qu'elle ne saurait avoir ni parties ni passions ; cependant, ils croyaient à plusieurs dieux, et ils leur attribuaient à tous, et plus particulièrement à Jupiter, presque tous les vices et toutes les faiblesses qui déshonorent la nature humaine. Leurs poètes avaient une aversion instinctive pour tout ce qui était excessif ou monstrueux ; cependant ils racontaient de leurs dieux des traits qui donneraient le frisson aux plus sauvages des Peaux-Rouges : qu'Ouranos fut mutilé par son fils Kronos ; que Kronos avala ses propres enfants, et qu'après des années de digestion, il vomit toute vivante sa progéniture tout entière ; qu'Apollon, le plus beau de leurs dieux, pendit Marsyas à un arbre et l'écorcha tout vif ; que Déméter, sœur de Zeus, mangea de l'épaule de Pélops qui avait été égorgé et rôti par son propre frère, Tantale, pour faire un régal pour les dieux. Je ne veux pas ajouter d'autres horreurs, ni m'arrêter sur des crimes dont le nom même ne peut plus être mentionné parmi nous, mais que le Grec le plus cultivé était obligé de raconter à ses fils et à ses filles en leur apprenant l'histoire de leurs dieux et de leurs héros [100]. »

Si la genèse de la mythologie se fait dans le langage, et plus particulièrement dans la béance ouverte par la métaphore ayant perdu son lien de sens avec la racine qui lui a donné naissance et, aussi, par l'altération phonétique qui use et déforme les mots au fur et à mesure que le temps s'écoule, alors l'humanité n'a plus de responsabilité envers ces productions dont l'absurdité le dispute à l'horreur. Comme le langage, la mythologie est générée et fonctionne dans l'histoire, sans doute, des hommes, mais presque totalement en dehors de leur volonté. De même qu'on ne peut songer à modifier volontairement les mots d'une langue, ni sa grammaire, ni fabriquer de toutes pièces une langue nouvelle et l'imposer à un peuple ou un groupement humain, de même la mythologie naît spontanément dans une culture donnée, y évolue d'elle-même en admettant un minimum d'infléchissements ou de développements de la part des poètes, se transmet de peuple à peuple par le langage commun qu'ils partageaient à l'origine. Tel langage produira telle mythologie de par sa nature propre et sa structure, de la même façon que tel milieu naturel produira tel ensemble végétal. On retrouve ici l'idée, fondamentale chez les frères Grimm, de la mythologie naissant spontanément dans l'esprit des hommes, en dehors de leur volonté. Pour eux la poésie populaire, l'épopée, le droit coutumier se composent eux-mêmes et se développent spontanément : ils sont *selbstgewachsen* comme le langage. Mais ce qui est chez les Grimm une intuition, fondamentale pour leurs travaux mais à laquelle ils n'apportent pas ultérieurement de preuves, est démontré par Max Müller qui pense élucider le mécanisme de cette autogenèse du mythe. Tous ses efforts sont destinés à rendre compte et à justifier un des caractères fondamentaux du mythe, à savoir le fait qu'il fonctionne apparemment en dehors de la volonté créatrice des hommes, contrairement donc à la littérature ou à ce que les Grimm appelaient « poésie d'art ». Mais les chercheurs du XIXᵉ siècle n'avaient pas à leur disposition la notion qui leur aurait permis de comprendre les lois de ce mécanisme mystérieux : la notion d'inconscient. Leur connaissance intime de la mytholo-

gie et de sa nature leur permettait de voir le caractère étrange
de ces productions, vivant dans l'histoire des hommes, transmises de génération à génération et cependant créées et
modifiées comme en dehors d'eux. Les Grimm et Max Müller
feront appel à des solutions différentes pour résoudre le même
problème auquel ils sont confrontés. Les premiers recoureront
à un postulat idéologique et mystique : les mythes sont œuvres
de la nature, donc en dernière analyse œuvres divines. Pour
Max Müller, ils sont les produits d'une pathologie du langage :
il sauvegarde par cette théorie le caractère d'autogénération et
d'autodéveloppement du mythe, comparable à cet égard au
langage, et justifie aussi l'irrationalité, l'amoralisme, l'obscé-
nité même qu'on y voit, puisqu'il s'agit de productions
pathologiques. Il ne faut pas s'étonner qu'une maladie du
langage produise des œuvres repoussantes, même chez les
peuples les plus civilisés comme les anciens Grecs.

Mais cette originalité néfaste et ce caractère pathologique de
la mythologie ne doivent pas cependant donner une idée
péjorative de la religion des anciens Indo-Européens. Max
Müller reconnaît que les idées religieuses sont propres à subir
cette maladie ou désordre du langage, puisqu'elles échappent à
l'expérience sensible qui donne naissance naturellement au
langage, par le truchement des racines capables de rendre
l'expérience concrète. Les idées religieuses en revanche ne
peuvent recevoir d'expression que métaphorique. Il ne faut
pourtant pas s'abandonner au désespoir : « de même qu'un
corps malade présuppose un corps bien portant, ainsi une
religion mythologique présuppose une religion saine [101] ».
Cette religion saine, on en voit des traces chez Homère. Et,
beaucoup plus tôt encore, avant l'époque où les ancêtres des
races primitives de l'Europe quittèrent « leurs pâturages
communs pour émigrer à droite et à gauche et pour suivre leurs
fortunes diverses ». Ceux qui constituaient alors un seul peuple
possédaient la notion d'un être divin, supérieur aux hommes,
tout-puissant et créateur du monde. Max Müller en voit la
preuve dans l'existence d'un même mot qui désigne une

divinité suprême chez les peuples indo-européens : Dyaus en sanscrit, Zeus en grec, Jovis en latin, Tiw en anglo-saxon, Tyr en ancien scandinave, Zio en ancien haut allemand. Cette grande divinité était considérée comme l'Etre brillant, la lumière et le Maître de la lumière, le Ciel et le Maître du ciel, Dieu suprême placé au-dessus de toutes les autres divinités.

Il nous faut parler maintenant de ce qui fut la part la plus célèbre, la plus mécaniquement imitée, mais aussi la plus fragile, de l'édifice théorique de Max Müller : l'interprétation solaire des mythes. Non pas que son affirmation de la mythologie comme pathologie du langage ne soit pas devenue rapidement et durablement célèbre. Mais elle fut traitée comme un dogme : soit acceptée globalement et sans critique, soit rejetée sans démonstration de sa fausseté. L'interprétation solaire constituait en revanche un instrument commode à appliquer à toutes sortes de récits, apparemment efficace, dans la mesure où la matière mythique se modèle aisément dans les mains de l'interprète, et satisfaisant pour l'esprit, puisque les horreurs et les obscénités racontées par les mythes se résol-vaient finalement en drames naturalistes narrant le lever du soleil, son coucher, sa lutte victorieuse ou non contre les nuées désireuses de le dévorer, etc. Max Müller avoue qu'il a été ramené sans cesse à ce type d'interprétation dans ses analyses de la mythologie indo-européenne, en dépit qu'il en ait.

« Le lever et le coucher du soleil, le retour quotidien du jour et de la nuit, le combat entre la lumière et l'obscurité, tout ce drame solaire, avec tous ses détails, qui se joue chaque jour, chaque mois, chaque année, dans le ciel et sur la terre, voilà ce que je regarde comme formant le principal sujet de la mythologie primitive. Je pense que l'idée même des puissances divines a pris naissance dans l'étonnement avec lequel les ancêtres de la famille aryenne contemplaient les puissances brillantes (*deva*), dont personne ne pouvait dire d'où elles venaient ni où elles allaient, qui jamais ne faisaient défaut, qui ne se flétrissaient ni ne mouraient jamais, et qui étaient appelées immortelles, c'est-à-dire qui ne passent point, pour les distinguer de la faible et périssable race de l'homme. Je considère le retour régulier des phénomènes comme ayant été une condition presque indispensable pour qu'ils fussent élevés, par la magie de la phraséologie mythologique, au rang des immortels ; et j'attribue une importance proportionnellement faible aux phénomènes météorologiques tels que les nuées, le tonnerre et l'éclair, lesquels, tout en causant pour un temps une violente commotion dans la nature et dans le cœur de l'homme, ne devaient pas être rangés à côté des êtres brillants et immortels, mais devaient plutôt être considérés soit comme leurs sujets, soit comme leurs ennemis. C'est le ciel qui réunit les nuages, c'est le ciel qui tonne, c'est le ciel qui pleut ; et le combat qui se livre entre les nuées noires et le brillant soleil, qu'elles cachent pendant un certain temps, n'est qu'une répétition irrégulière de cette lutte plus importante encore qui a lieu, chaque jour, entre les ténèbres de la nuit et la réjouissante lumière du matin [102]. »

L'étonnement, l'émerveillement, l'incompréhension de nos ancêtres devant les phénomènes réguliers de la nature auraient été à l'origine de la création des mythes, à la fois comme une cause première et comme un fonds inépuisable où prendre thèmes, motifs, scénarios et personnages. La mythologie de nos ancêtres indo-européens aurait été leur mode de réflexion métaphysique, à travers laquelle ils auraient pu accéder en particulier à la notion d'immortalité et ensuite à celle de divinité. On a pu dire que la théorie solaire de Max Müller avait son origine dans le profond sentiment de la nature propre à l'école romantique, allemande en particulier. L'idée n'est sans doute pas fausse, mais doit être nuancée. Max Müller appartient, on l'a dit, à la seconde génération du romantisme allemand « érudit ». Cette seconde génération est moins instinctive que la première, moins portée à l'effusion mystique. Elle ressent aussi profondément le spectacle et le mystère de la nature, mais ne s'abandonne pas pour autant au lyrisme : prenant une certaine distance, elle tente d'élucider rationnellement, ou pseudo-rationnellement, ses émotions et leurs expressions. Un des modes d'élucidation choisi par Max Müller consiste à projeter sur nos ancêtres indo-européens, éloignés de nous par le temps, proches par la parenté, l'émotion métaphysique provoquée par les phénomènes naturels et à voir dans leur mythologie l'expression de cette émotion : tandis que son père, le poète Wilhelm Müller, s'identifiait au créateur populaire anonyme, lorsqu'il publiait le recueil de *La Belle Meunière.*

La théorie de Max Müller était pour lui entièrement applicable au folklore, qui naît, se développe et évolue suivant les mêmes voies que le mythe. En ce sens il peut affirmer que la période mythique du langage n'affecte pas une époque historique donnée : le langage est toujours susceptible de s'altérer. « Il y a beaucoup de cette sorte de mythologie populaire qui flotte dans le langage du peuple, par suite de la tendance très naturelle et très générale qu'ont les hommes à être convaincus que tout nom doit avoir une signification. Si la signification réelle et originelle d'un nom vient à être oubliée (et cet oubli est causé principalement par les ravages de l'altération phonétique), on attribue une nouvelle signification à la forme altérée du nom, d'abord avec quelque hésitation, mais bientôt avec une pleine assurance [103]. » Max Müller présente un grand nombre d'étymologies populaires de ce type, puisées dans ce qu'il appelle la « mythologie hiéroglyphique » des enseignes de cabaret : *The Iron Devil,* le Diable de fer, pour *The Hirondelle,* l'hirondelle ; *The Goat and Compasses,* la Chèvre et le compas, pour *God encompasseth us,* Dieu nous protège (vieille enseigne puritaine). Il cite aussi le nom d'un escalier situé dans la ville de Lincoln : *Grecian Stairs,* Marches grecques. A l'origine, cet escalier était appelé *the Greesen,* pluriel du vieil anglais *gree,* marche, degré. Ce terme tombé en désuétude ne fut plus compris : on ajouta *Stairs,* escalier et « l'instinct de l'étymologie populaire finit par changer *Greesen Stairs* en *Grecian Stairs* ».

On ne manqua pas non plus d'appliquer à sa suite la théorie solaire aux faits folkloriques. Un exemple, comme fait sur mesure, traite une formulette enfantine provenant de Livourne avec le sérieux que requiert l'appel aux Védas pour son élucidation [104]. La formulette dit : « *Sole, Sole, vieni. Con quattro caval neri, — Con quattro caval bianchi, — Sole, Sole, vieni avanti.* » (Soleil, Soleil, viens — Avec quatre chevaux noirs — Avec quatre chevaux blancs — Soleil, Soleil, viens devant.) « Cette petite chanson, par laquelle les enfants invitent le soleil à paraître sur l'horizon, révèle manifestement le besoin suprême, que tous ressentent, de la lumière, et surtout de celle du soleil, cause de la vie et de la beauté. » On sait d'autre part que dans les Védas le cheval se rattache à un mythe solaire. Le mot *arwat* qui, en sanscrit moderne, signifie le cheval, a gardé dans les textes anciens son sens radical de prompt, coureur, fougueux. Il est utilisé parfois pour désigner le soleil comme rapide et ardent : à ce moment le mot suscitait la double idée, comme surimprimée, du soleil et du cheval, sinon même du cavalier. Dans la mythologie non seulement védique, mais aussi persane et hellénique, le soleil est représenté sur un char traîné par des chevaux : ce sont les rayons du soleil. De nombreuses citations confirment en effet l'usage fréquent de cette métaphore mais ne permettent cependant pas de prendre pour assurée la rapide conclusion de l'auteur de l'article : « Il nous paraît donc manifeste d'après les considérations que nous avons exposées ci-dessus, que la chansonnette enfantine citée de Livourne au commencement de cet article se rattache au mythe védique. »

Ce type d'application abusive toucha aussi l'interprétation des contes populaires. En France, l'un des adeptes les plus fanatiques de Max Müller à cet égard fut Hyacinthe Husson, dont on confrontera les interprétations des contes de Perrault avec celles de P. Saintyves. Gaston Paris le fut aussi et une étude sur le Petit Poucet et la Grande Ourse en témoigne [105].

L'étude de Gaston Paris a pour point de départ une expression qu'il relève dans un dictionnaire de la langue wallonne et qui désigne la constellation de la Grande Ourse : Chaur-Pôcè, le char-Poucet. Elle s'explique par la représentation que se font les paysans de la constellation : les quatre étoiles en carré sont comme les quatre roues d'un char, les trois en ligne sont les trois chevaux, et la petite qui se trouve au-dessus de la seconde de ces trois étoiles alignées, c'est le conducteur du char, Pôcè, Poucet. D'autres peuples ont vu dans ce conducteur un personnage dont le nom peut se traduire également par Poucet : en Allemagne, Dümeke, Däumling, Düming, Hans Dümken ; peut-être aussi chez les Lithuaniens et les Slaves. Il faut donc examiner les contes disséminés à travers l'Europe racontant les aventures de Poucet. Sa nais-sance est surnaturelle, puisqu'il est donné miraculeusement à ses parents depuis longtemps sans enfant. « C'est là un trait qui, presque partout où il se rencontre, nous annonce que nous sommes en présence d'un récit véritablement mythique. » Dans un certain nombre de versions, les parents expriment le souhait d'avoir un enfant, « aussi petit soit-il ». Ils l'obtiennent en effet par des moyens divers selon les variantes : « Ce préambule nous avertit de la vraie nature du récit : nous allons entendre les aventures d'un être merveilleux, divin même. » Gaston Paris n'hésite donc pas à faire entrer le genre littéraire du conte merveilleux dans la mythologie, son critère étant, en l'occurrence la naissance surnaturelle du héros et son aspect non moins extraordinaire, d'autant plus que sa petite taille ne l'empêche pas de se montrer plein d'esprit et de malice. L'épisode qui intéresse le plus Gaston Paris dans les aventures de Poucet, « bien qu'effacé et presque perdu au milieu des autres », c'est qu'il conduit un attelage, char ou charrue, en se plaçant dans l'oreille d'un des chevaux ou bœufs de cet attelage. Par exemple, dans la version des Grimm, le père de Poucet souhaite que quelqu'un lui apporte sa charrette dans la forêt, parce qu'il a du bois à transporter. Poucet lui promet de le faire ; le père éclate de rire en lui disant qu'il sera incapable de tenir le cheval par la bride. Poucet se fait placer par sa mère dans l'oreille du cheval qu'il conduit de cette manière en lui donnant des ordres.

Il faut remarquer que le conte, intitulé par Ch. Perrault *Le*

Petit Poucet, est un autre conte type que celui-ci : il s'agit du T 327 dont le titre international est *Les Enfants et l'Ogre*. Mais il existe des versions françaises du véritable Poucet (T 700). Gaston Paris connaît une version recueillie en Forez, *Plen Pougnet*, c'est-à-dire « plein le poing ». En fait, l'épisode essentiel dans les aventures de Poucet semble être, plutôt que la conduite d'un attelage, le fait qu'il est avalé par un animal parce qu'il se cache sous une feuille, et parfois évacué ensuite dans les excréments de cet animal, de l'intérieur duquel il parle, d'où suivent des conséquences cocasses. En dépit de l'absence parfois constatée de l'épisode de la conduite des animaux d'attelage, en particulier en France, Gaston Paris estime qu'il est à la fois essentiel et ancien. Et l'expression recueillie en langue wallonne, *Chaûr-Pôcè*, appliquée à la Grande Ourse, lui sert de preuve. « Il est clair que la dénomination de *Chaûr-Pôcè* appliquée à la Grande Ourse suppose la connaissance d'un conte de Poucet où il remplit l'office d'un conducteur de bœufs, perché sur la tête du bœuf du milieu. Il est donc certain que tous les peuples qui ont employé ce nom ou un nom semblable ont connu l'histoire de Poucet telle que je l'ai racontée : un être merveilleux, d'une extrême petitesse et d'une grande intelligence, est représenté comme conduisant un attelage de bœufs en se plaçant dans l'oreille de l'un d'eux. Ce tableau que retrace sur la terre le conte de *Daümling*, il est visible au ciel dans la constellation de la Grande Ourse. »

Non content d'avoir projeté le Petit Poucet parmi les constellations, confirmant ainsi l'interprétation astronomique, sinon solaire, du folklore, Gaston Paris ajoute un relais dans le temps entre l'origine védique de la mythologie de la Grande Ourse et son avatar folklorique récent, presque contemporain. Ce relais lui est fourni par la mythologie grecque et le personnage d'Hermès. On raconte en effet dans l'hymne homérique qu'Hermès vole les bœufs d'Apollon. Or il commet ce vol le jour même de sa naissance, encore tout petit bien qu'ayant grandi de façon merveilleuse : la petite taille qui est encore la sienne lui permet de rentrer par le trou de la serrure, son larcin accompli. On sait aussi qu'il emmène les bœufs en les faisant marcher à reculons pour cacher leurs traces. Or Poucet est aussi un voleur, mais il s'associe à de vrais voleurs pour mieux les tromper. En outre, les peuples indo-européens se représentaient la Grande Ourse sous la forme de sept bœufs se déplaçant dans le ciel à reculons. Mais la petite étoile au-dessus de la seconde n'avait pas de fonction dans cette représentation. Ce sont les mythologies germanique et slave, plus tardives, qui lui ont donné la fonction de conducteur, transformant les quatre étoiles placées en quadrilatère en char ou charrue. « Cependant, dans plusieurs légendes, à côté de cette explication nouvelle, l'ancienne s'est maintenue, et Poucet, tout en conduisant artistement l'immense véhicule, est resté voleur de bœufs comme Hermès. » Gaston Paris reconstruit le processus supposé de folklorisation du mythe de la Grande Ourse. Des récits mythiques concernant un voleur de bœufs, caractérisé par sa petite taille, ont été attribués à Hermès, dans la mythologie duquel ils ont été intégrés, bien qu'étrangers à elle à l'origine. En revanche, Gaston Paris estime qu'il y a congruence entre le nom de Poucet et sa fonction narrative. Ces récits mythiques concernant un voleur de bœufs ont été en quelque sorte projetés au ciel dans la figure de la Grande Ourse, dont le dessin particulier appelait une interprétation. La petite étoile devient un bouvier de taille minuscule qui mène ses bêtes en leur parlant à l'oreille et les fait parcourir chaque nuit à reculons le champ immense du ciel. Puis on le transforme en charretier ou laboureur lorsqu'on commence à voir dans la constellation un char ou une charrue. « Transporté sur la terre comme tous les personnages dont l'imagination primitive avait placé l'activité au ciel, le petit bouvier a gardé sa stature mignonne […]. Son caractère divin se révèle encore dans les récits de sa miraculeuse naissance et dans sa ruse surhumaine ; mais bientôt on perd ce caractère ; on ne songe plus qu'à sa petitesse, et on se figure les conséquences qu'elle pourrait avoir pour lui […]. On perd enfin tout à fait le souvenir de son origine primitive, et on le place dans les conditions de vie ordinaire. »

Il est inutile de préciser que toute la construction de Gaston Paris est totalement arbitraire puisque le seul indice repose sur la dénomination populaire wallonne de la Grande Ourse (à laquelle il faut ajouter une expression tchèque « Poucet en char »). Cet exemple montre l'emprise extraordinaire de la théorie de Max Müller sur les travaux de mythologie et de folklore au cours du XIXe siècle. On est totalement convaincu que tous les personnages des mythes représentent des phénomènes et des corps célestes, engagés dans des aventures variées. On peut voir aussi dans ce Petit Poucet de Gaston Paris la façon dont on se représentait la folklorisation d'un mythe, dans un processus qui va toujours du mythe au folklore, c'est-à-dire d'une forme noble et sacrée à une forme triviale où s'aperçoivent encore quelques indices de son origine divine (ainsi la naissance merveilleuse et l'intelligence surhumaine de Poucet). Dans une note de sa publication, Gaston Paris tente même de dégager quelques lois du passage du mythe au folklore. Ainsi remarque-t-on que l'activité céleste, qui est considérée comme éternelle ou renouvelée périodiquement, devient unique quand elle est ramenée sur terre. « La même action s'est ainsi souvent *historicisée*, pour ainsi dire, de vingt, cent, mille manières différentes, et *localisée* dans autant d'endroits divers. » L'action céleste qui relève de l'éternité du mythe (ou du mythe de l'éternel retour) s'atomise, ramenée à terre, en autant d'épisodes à la fois divers et chacun unique, qui prennent place dans le folklore des différentes populations. On s'aperçoit également, poursuit Gaston Paris, que dans cette transformation, le caractère des personnages et les motifs de leurs actes changent parfois considérablement et surtout se modifient sans cesse avec les temps et avec les lieux. Poucet n'a en effet plus grand-chose en commun avec Hermès, de même que, mais de manière moins marquée, le *Däumling* des contes allemands est différent du Plen Pougnet du Forez, à la fois dans le nom et dans ce qu'il suppose de signification diffuse, et dans les aventures et la conduite de celles-ci, qui sont attribuées au héros. Et cependant, au-delà de ces transformations, subsiste encore une parcelle du mythe véritable, du mythe d'origine, parcelle qui permet alors de ramener la forme folklorique à son lieu de naissance céleste et de lui restituer un peu de sa noblesse perdue sur la terre.

Les théories de Max Müller ne furent jamais sérieusement critiquées, on l'a dit. Elles furent balayées par la lame de fond que fut la théorie de l'école anthropologique anglaise, celle de Tylor et de Lang. En France, Henri Gaidoz, celtisant et folkloriste fondateur avec Eugène Rolland de la revue *Mélusine,* avait ouvert une rubrique intitulée « Les Védas réduits à leur juste valeur ». Il s'élevait contre l'impérialisme des philologues et des spécialistes du sanscrit qui voulurent étendre leur empire au-delà de ses frontières naturelles et s'annexer la mythologie. Dans un article qu'il publia dans sa propre revue en 1884-85, il traduisit un essai humoristique, œuvre d'étudiants de Trinity College à Dublin, qu'ils avaient intitulé *Le Mythe Solaire d'Oxford, contribution à la mythologie comparée dédiée (sans permission) à M. G. W. Cox* (l'un des plus zélés disciples de Max Müller). Curieusement, mais de manière significative, Gaidoz donne un autre titre à cet essai : *Comme quoi M. Max Müller n'a jamais existé.* Il faut dire qu'en cela il paraphrase un autre essai, français celui-ci, intitulé *Comme quoi Napoléon n'a jamais existé,* paru au début du xixe siècle et destiné à railler et discréditer les théories de Dupuis, qui, dès la fin du xviiie siècle, voyait dans les mythologies des reflets de l'astronomie. Pour la petite histoire des idées, il vaut la peine de citer quelques passages de l'essai des jeunes Irlandais. Mais auparavant il faut remarquer la formulation significative des deux Français, — l'auteur anonyme de l'opuscule sur Dupuis et H. Gaidoz. Pour eux mythe signifie, entre autres, non-existence. Réduire un personnage réel, historique, à un mythe, c'est lui dénier une existence. L'usage familier contemporain du terme confirme cette signification. Dire à quelqu'un qu'il est dans le mythe veut dire qu'il est dans l'irréel. Ce détail, apparemment de peu d'importance, montre bien la difficulté qu'il y a à reconnaître la réalité du mythe, réalité qui n'est évidemment pas celle de la réalité matérielle du monde extérieur, réalité psychique d'un poids d'autant plus grand qu'elle est inaperçue ou niée.

Dans la traduction qu'en fait H. Gaidoz, l'essai commence d'une manière solennelle : « Une tradition singulière, due peut-être à l'influence du paganisme classique dans les études, nous conserve dans l'Oxford du XIXe siècle des traces évidentes de ce culte primitif de la nature par lequel les premiers parents de la race aryenne ont exprimé l'observation des phénomènes du ciel. Comme il arrive souvent, le mythe a pris une forme tout à fait anthropomorphique et concrète. Il a graduellement absorbé ce que des âges postérieurs y ont déposé et il a ainsi reçu un traitement historique ou plutôt biographique qui, sous des noms et des idées modernes de l'Ouest, cache les légendes en vogue il y a quatre mille ans sur les Hauts Plateaux de la Transoxiane.

La légende prend cette forme, qui n'est point rare, de célébrer un grand Sage, qui de l'est, son lieu de naissance, se transporte à l'ouest, y établit sa demeure, y remporte de grands triomphes, et pourtant succombe dans la lutte principale devant un pouvoir mystérieux identique à celui qui lui a donné naissance. Le nom symbolique qui a déifié le héros, même à notre propre époque, est Max Müller. Le caractère purement imaginaire et typique de ce titre apparaît aux premiers regards du philologue. Max est naturellement *maximus*, identique avec le sanscrit *meha*. Le nom de Müller, littéralement " meunier ", qui, dans les dialectes du moderne haut allemand, s'applique simplement à celui qui moud du blé, signifie dans sa forme radicale un broyeur ou écraseur ; il vient de la racine *Mar* (écraser, moudre). Du coup nous voyons que le nom du héros signifie simplement " chef des moudeurs ". On donne deux explications de ce terme. La plus populaire, mais la moins correcte, identifie moudeur et professeur, métaphore empruntée à la routine monotone par laquelle l'instructeur de la jeunesse pulvérise en quelque sorte les grains solides de la science pour qu'ils deviennent assimilables. Un aspect plus scientifique de la question reconnaît ici le Dieu-Soleil armé de son marteau ou de sa hache de lumière, écrasant et pulvérisant le givre et les nuages en particules impalpables. Nous ne sommes pas ici abandonnés aux conjectures, car l'arme de Thôr ou de Donar, avec laquelle il écrase les géants du givre, s'appelle dans la mythologie norroise *Mjoelnir* (d'*al male* " écraser ou moudre ")[106]. »

Toute la biographie de Max Müller est ainsi passée à la « moulinette » (si l'on peut dire !) de sa propre méthodologie, aussi bien étymologique que solaire. Le père qu'on lui attribue, Wilhelm Müller, est un poète selon la légende.

« L'obscurité est le père dont procède l'Aurore, un père détrôné par sa progéniture, mythe dont on a le prototype dans l'histoire de Kronos et de Zeus. Wilhelm est simplement *Willhjaelm*, c'est-à-dire le " heaume de force " ou de puissance. Quel est ce heaume ? Nous le connaissons bien par toutes nos histoires enfantines ; c'est " la cape d'obscurité " (*Tarnkappe*), portée par Hassan d'El Basra dans les *Mille et une nuits*, par Jack le tueur de géants, par les Trolls, nains des histoires norroises et allemandes, et surtout par Siegfried dans les *Nibelungen*. C'est simplement cette enveloppe de nuages et d'obscurité qui se répand sur le ciel quand le soleil a disparu, et Wilhelm Müller est simplement la nuit cachée, mais puissante, le *nephelegereta Zeus* qui est le père d'Apollon Hélios. La nuit est figurée comme un poète, parce que tous les sons s'entendent clairement et distinctement pendant sa course, de même que le chant du poète primitif était la seule voix assez élevée pour se faire entendre dans des temps préhistoriques. » Après avoir installé sa demeure dans la ville sacerdotale d'Oxford (où on retrouve le celtique « gué de la rivière »), le héros affrontera les mêmes puissances des nuages et de l'obscurité dans une compétition pour le trône du ciel — une chaire de sanscrit —, mais sera vaincu par un nouvel avatar de l'obscurité, « dont l'aurore est sortie dans son enfance, qui l'absorbe de nouveau et qui cache sa gloire à la fin de sa carrière ».

La caricature fait bien ressortir les défauts rédhibitoires de la théorie de Max Müller, en particulier la fragilité de ses étymologies et l'application mécanique de ses interprétations solaires. Il reste cependant chez lui le pathétique de sa tentative pour rendre compte de l'étrangeté fondamentale de la mythologie ou, dans ses propres termes, de son « anomalie transcendante ». Les mots dans lesquels elle prend corps sont pleins d'anomalies ; les idées qu'elle renferme échappent à notre compréhension : pis encore, elles n'ont rien de commun avec ce que l'on peut savoir des temps et des peuples anciens, même les plus barbares et les plus sauvages. Dans un tardif recueil d'articles, il se montre profondément pessimiste : « Si peu de rationnel que nous trouvions çà et là dans la mythologie, tenons-nous pour satisfaits ; quant à l'entendre jamais tout entière, cela est hors de question [107] ». En dépit — ou à cause — du fait qu'il considère la mythologie comme une maladie du langage, il s'attriste de n'avoir pu la réduire à du rationnel. Comme le langage, elle échappe aux tentatives de maîtrise et de mainmise de la part des peuples, des individus et des savants. A cet égard, il faut mesurer l'abîme qui sépare les travaux de Max Müller de ceux des frères Grimm. Partant de la même prémisse, celle de la genèse et du fonctionnement autonomes de la mythologie, ils aboutissent à des constats radicalement différents dont l'origine est idéologique. Pour les Grimm, la mythologie est l'œuvre de la nature « naturante », de Dieu en dernier ressort : elle est donc profondément vraie. Pour Max Müller, chez qui manque tout recours au mysticisme, elle est le produit des dévoiements et de la pathologie du langage : toute raison en est absolument absente, si ce n'est par l'effet du hasard.

CHAPITRE V

L'ÉCOLE ANTHROPOLOGIQUE ANGLAISE ET LA THÉORIE DES SURVIVANCES

> « *Ce qui reste des édifices élevés avec tant d'habileté et de force par les faiseurs de mythes ne subsiste plus aujourd'hui que dans des contes de nourrices, dans de vulgaires superstitions, dans de vieilles légendes qui se meurent, dans des idées et des allusions entraînées depuis les anciens jours par le courant incessant de la poésie et du roman, dans des fragments de croyances anciennes qui gardent encore le rang qu'elles occupaient dans l'histoire intellectuelle des temps passés.* »
>
> Edward B. TYLOR, *La Civilisation primitive.*

Les violentes attaques qu'eut à subir la théorie dite alors philologique de Max Müller provinrent de son pays d'adoption, l'Angleterre, qui voit se constituer dans la seconde moitié du XIXᵉ siècle une discipline nouvelle, sinon dans ses matériaux, mais certainement dans ses prétentions généralisatrices : l'anthropologie, qui se dit très vite anthropologie comparative. Selon Andrew Lang qui, on le verra, joue un rôle de zélé propagateur de la nouvelle foi, l'anthropologie est « la science qui étudie l'homme dans l'ensemble de ses œuvres et de ses idées et le suit dans son évolution à travers le processus de son développement. Cette science [...] étudie le développement de la loi émergeant de la coutume ; le développement des armes à partir du bâton ou de la pierre jusqu'au plus récent fusil à répétition ; le développement de la société depuis la horde jusqu'à la nation. Cette discipline ne méprise pas la tribu la plus arriérée ou la plus dégradée, pas plus qu'elle ne néglige la société la plus civilisée et elle permet de trouver chez les Australiens ou les Nootkas le germe des idées et des institutions que les Grecs et les Romains ont porté à leur perfection [108] ». Il est probable que la rapide extension de l'anthropologie, sinon même son explosion, soit due aux conquêtes coloniales de l'époque, qui mettent en présence d'une façon qui se veut durable la civilisation occidentale et les sociétés « primitives ». On assiste alors, au moins en Angleterre, à une professionnalisation presque immédiate de l'anthropologie, chargée, explicitement ou implicitement, de fournir des clés pour comprendre ces sociétés choquantes par leur bizarrerie ou leur cruauté. Après la découverte du sauvage de l'intérieur qu'était le « bon peuple », puis de la civilisation qu'on considérait comme à l'origine de celle du domaine indo-européen, c'est le lointain sauvage qui fournit une pâture à la boulimie intellectuelle de l'Occident. Il est évident que la théorie de Max Müller, qui interprétait la mythologie « par les orages, le soleil et les calembours [109] », paraît totalement insuffisante et inefficace pour faire entrer ce sauvage et sa mythologie stupéfiante dans un système d'explication rationnelle [110]. Le système d'explication empruntera son modèle au darwinisme et à la théorie de l'évolution, alors que, de façon plus rapprochée, Edward B. Tylor fournira les principaux concepts nécessaires au schéma général. Mais c'est Andrew Lang qui explicitera avec abondance le problème particulier de la mythologie et du folklore dans le cadre de la théorie anthropologique.

Andrew Lang, né en 1844 à Selkirk en Ecosse, mort en 1912, a souvent rappelé que son goût des contes et des chants populaires lui était venu des récits entendus dans son enfance. Les vieilles femmes disaient des contes à la veillée ; et l'un de ses camarades en possédait un abondant répertoire. Il entre à l'Université de St Andrews en 1861 et, quatre ans plus tard, à Oxford, où on le considère comme un brillant et prometteur helléniste. Sa véritable vocation date de la lecture des deux ouvrages essentiels de Tylor : *Researches into the early history of Mankind* (1865) et *Primitive Culture* (1871). L'œuvre abondante de Lang se présente dans sa part anthropologique comme le développement, l'application et la vulgarisation, au bon sens du terme, de la théorie de Tylor. Il sera un infatigable écrivain, publiant personnellement plus de cent vingt volumes et collaborant à des titres divers à plus de cent cinquante. Il fut journaliste, poète, épistolier, pamphlétaire, ayant, disait encore Salomon Reinach, « un goût invétéré pour les comptes rendus, les réponses, les postilles, enfin toutes les variétés de l'escrime dialectique [111] ». Il était tout désigné pour mener le combat contre la théorie philologique de Müller ; il ne s'en priva pas. Dans cette œuvre abondante, on peut privilégier pour notre propos deux ouvrages, *Custom and Myth* (Londres, 1884) et *Myth, Ritual and Religion* (Londres, 1887). Mais l'essentiel de sa théorie de la mythologie est contenu dans un article destiné à la neuvième édition de l'*Encyclopaedia Britannica,* intitulé *Mythology* et traduit en français dès 1886 [112].

Il se demande d'abord quel est l'objet de ce qu'il appelle la « mythologie scientifique », c'est-à-dire la discipline qui s'occupe des mythes — le terme de mythologie désignant à la fois l'objet d'étude et l'étude elle-même, comme c'est le cas également pour le folklore. Elle examine les *mythoi,* c'est-à-dire les légendes relatives à la cosmogonie, aux dieux et aux héros. On s'aperçoit vite que les mythes des peuples civilisés comme les Grecs et les Aryens de l'Inde contiennent deux éléments, l'un rationnel, l'autre irrationnel. « Les mythes rationnels sont ceux qui représentent les dieux comme des êtres doués de beauté et de sagesse. » Ainsi Artémis, telle qu'elle apparaît dans l'Odyssée se livrant aux plaisirs de la chasse, accompagnée des Dryades, est une « représentation mythique parfaitement rationnelle d'un être divin ». Cette représentation va de soi, elle ne demande pas d'explication. En revanche, l'Artémis d'Arcadie, qu'on racontait avoir été métamorphosée en ourse, puis en étoile, et l'Artémis brauronienne en l'honneur de qui les jeunes filles dansaient une danse de l'ours, ont une légende

« qui ne paraît pas naturelle » et qui exige une explication. On peut en dire autant de Zeus : le Zeus olympien qui observe toutes choses chez Homère est une représentation claire ; lorsqu'il prend la forme d'un cygne pour approcher Léda et engendrer Castor et Pollux, ou lorsqu'il se moque de son épouse Héra en simulant un mariage avec une pièce de bois parée de vêtements de noces, on a affaire à des représentations non naturelles. Lang est d'accord avec Max Müller sur la nature des difficultés qu'offre la mythologie, à savoir « l'élément stupide, absurde et sauvage », selon les termes de Müller lui-même. Les Grecs s'étaient déjà émus de la cruauté et de l'indécence de leurs mythes. Ils avaient proposé des systèmes d'explication. Lang juge que l'un d'eux contenait un certain degré de vraisemblance, celui d'Evhémère, écrivain de la seconde moitié du IIIe siècle avant notre ère, pour qui les mythes étaient de l'histoire déguisée. Les dieux, dont on raconte les histoires, n'étaient en fait que des hommes dont les faits et gestes ont été embellis et magnifiés par l'imagination des générations suivantes. Aux premiers siècles de la chrétienté, les Pères de l'Eglise adoptèrent ce système qui ravalait les dieux du paganisme au rang de simples mortels. Dans la mesure où ce type d'explication contient une part de vérité, il faut le mettre en relation, propose A. Lang, avec le culte des morts. Des légendes concernant des hommes réels ont alors infiltré les mythes de divinités véritables.

Les théories modernes s'accordent sur une conviction qui sert de point de départ à toutes les théories : « C'est l'homme, c'est la pensée et le langage humain tout ensemble qui naturellement et nécessairement ont produit l'étrange assemblage des fables. » A partir de là, les deux principales écoles divergent. L'une considère le mythe comme une maladie du langage, le résultat de confusions provenant de mots ayant perdu leur signification d'origine, tout en se maintenant dans la langue. L'autre école explique l'élément irrationnel des mythes comme la *survivance* d'un état de pensée très commun autrefois, universel peut-être, et qu'on ne rencontre plus maintenant que chez les sauvages et « jusqu'à un certain point chez les enfants ». On a reconnu dans la première école celle qui soutient la théorie de Max Müller, la théorie philologique ; et dans la seconde, celle qui a adopté la théorie dite historique ou anthropologique. D'emblée A. Lang annonce qu'il est adversaire de la première et partisan de la seconde. Elles s'opposent fondamentalement en ce sens que l'une prétend que l'état de pensée donnant naissance aux mythes est le résultat d'une sorte de dégénérescence du langage et l'autre voit dans ces dégénérescences du langage l'expression d'un état correspondant de la pensée. Max Müller essaie d'établir le sens primitif des noms des divinités et s'aperçoit qu'ils désignaient des phénomènes de la nature : il en conclut donc que leurs mythes sont à interpréter comme tels. Quant au processus de l'altération du langage, A. Lang le présente en ces termes : « Les verbes substantifs et auxiliaires disaient plus qu'ils ne devaient dans l'âge mythopoétique et ce surplus de signification devint l'*Aberglaube*, le surplus déraisonnable de croyance que l'on trouve dans les mythes. » On s'aperçoit que Lang lui aussi dit plus que ne disait Max Müller, qui parle de surplus de sens, du sens plein, lourd des mots primitifs, mais non pas de surplus de croyance. Il gauchit la théorie philologique vers sa propre problématique qui pose une équivalence entre la survivance et la superstition, laquelle est soit une croyance qui subsiste à travers le temps, soit une croyance excessive.

La première critique, que Lang adresse à la théorie philologique, est qu'elle n'explique pas grand-chose de ce qu'elle se propose d'expliquer, c'est-à-dire tout ce qu'il y a d'excessif et de monstrueux dans les mythes grecs (incestes, crimes, métamorphoses en animaux, cannibalisme, obscénités, etc.) et, en général, les éléments « sauvages, ridicules et absurdes » de la mythologie. En outre la philologie et l'étymologie ne sont pas des sciences bien exactes : il est facile de le voir au fait que les conclusions des linguistes divergent bien souvent entre elles, en particulier en ce qui concerne le sens véritable de noms des divinités. D'autre part, Max Müller ne prend en compte que la

mythologie indo-européenne sous les diverses formes qu'on lui
connaît. Or, des mythes comparables par leur caractère
irrationnel et repoussant existent chez des populations bien
éloignées de l'Europe, les Esquimaux, les Boschimans, les
Iroquois, etc. : l'explication par l'évolution de la langue
aryenne est par conséquent trop étroite. Mais la seule véritable
objection qu'il faut faire à l'école philologique est d'évidence
celle-ci : ce n'est pas le langage qui produit la pensée, c'est la
pensée qui produit le langage. Cette objection était formulée en
1872 par Emile Burnouf, védisant français rencontré par Max
Müller lors de sa migration d'est en ouest trente ans auparavant. « Se tenir à la méthode qui consiste à retrouver dans une
langue plus ou moins ancienne la signification radicale du nom
d'une divinité, c'est ne voir que la superficie des choses. Reste
à savoir comment les hommes ont pu opérer cette transformation d'un mot en un dieu. Pour cela il faut avoir d'abord l'idée
de divinité et préalablement l'idée de force. Les hommes ont
dû concevoir les dieux avant de leur donner des noms. Le mot
est le signe du fait, et non le fait lui-même [113]. » Le langage se
voit donc retirer sa puissance créatrice s'exerçant parfois à
l'insu des hommes, bien que dans les hommes. Et Henri
Gaidoz, dont on a vu la farouche opposition à l'école philologique, affirme aussi qu'elle fait du calembour le principal
élément de la mythologie primitive. Il admet d'ailleurs volontiers qu'on trouve des calembours dans les mythes, en particulier dans l'hagiographie. Les exemples qu'il cite concernent
plutôt des pratiques de religion populaire : ainsi invoque-t-on
sainte Claire pour avoir une bonne vue, saint Aignan pour
guérir la teigne. Le calembour donne naissance au culte
particulier du saint, mais le saint existait avant de devenir
l'objet de la « maladie du langage ». Le calembour, la métaphore, l'altération phonétique interviennent dans le développement des mythes ; ils ne créent pas la pensée mythique.

La difficulté de la mythologie — et Lang revient au point de
départ de Max Müller —, c'est d'expliquer les éléments en
apparence irrationnels des récits et particulièrement les points

suivants : les histoires sauvages et absurdes sur les commencements des choses, l'origine de l'homme, du soleil, des étoiles, des animaux, de la mort et du monde en général ; les aventures « infâmes et ridicules » des dieux ; les incestes, adultères, crimes, vols, cruautés, cannibalisme d'êtres divins ; leurs métamorphoses en animaux ; les histoires repoussantes du monde des morts ; la descente des dieux dans les Enfers et leur retour. Il faut se demander s'il a existé une période de la société et de l'intelligence humaine où ces faits monstrueux et déraisonnables étaient acceptés comme des événements ordinaires, des phénomènes courants. L'observation des peuples sauvages contemporains nous montre qu'ils acceptent et considèrent comme naturels tous ces éléments irrationnels à nos yeux. Il faut en conclure que le caractère sauvage et absurde de la mythologie est un legs des ancêtres des peuples civilisés : « Au temps où ils formèrent quelques-uns de leurs mythes, nos pères n'étaient pas dans un état intellectuel plus élevé que celui des Australiens, des Boschimans, des Peaux-Rouges, des races inférieures de l'Amérique du Sud et d'autres peuples plus barbares encore. » On doit cependant se demander pourquoi ces peuples ont conservé ces récits dans leur tradition lorsqu'ils avancèrent dans la voie de la civilisation. Les Grecs, les Aryens de l'Inde, les Egyptiens étaient effectivement choqués par l'irrationalité et la sauvagerie des mythes. Mais ceux-ci furent conservés par des prêtres locaux, ou bien « gardés sous forme stéréotypée », ou encore passèrent dans la religion populaire. L'élément absurde des mythes est donc une *survivance*.

« Les mythes sont nés évidemment de l'intelligence humaine. Mais il est clair que les conditions voulues pour cette production ne se trouvent plus complètement réalisées chez les peuples civilisés, puisque les Egyptiens, les Hindous et les Grecs dans l'Antiquité étaient aussi embarrassés que le sont les modernes pour rendre raison de l'origine des mythes. Par conséquent, les conditions intellectuelles qui pouvaient produire naturellement et nécessairement les mythes doivent être différentes de celles qui sont l'apanage de l'homme civilisé. Ces conditions ont existé autrefois chez nos ancêtres, elles existent encore chez les peuples arriérés que nous nommons sauvages. Il faut donc, pour comprendre les mythes, comprendre les sociétés, les lois, les coutumes des hommes qui vivent encore à l'état sauvage et barbare. La source des mythes doit être cherchée dans la psychologie, dans les conditions intellectuelles des hommes des âges primitifs. »

Aux yeux d'A. Lang, cette théorie présente l'avantage de pouvoir expliquer la présence de récits semblables chez presque tous les peuples. Si en effet les mythes naissent « à la période de l'état sauvage de l'intelligence », on doit les retrouver à peu près identiques partout. Lang leur donne le qualificatif d'*humains* : ils sont le produit grossier de l'esprit humain primitif qui est le même partout; ils n'ont pas encore été modelés par les différentes civilisations. Ils sont comme les vestiges archéologiques de la préhistoire, armes et outils primitifs, récipients grossiers, semblables où qu'on les découvre. La condition intellectuelle des sauvages était au même niveau que leur technique et Lang tombe d'accord avec Max Müller pour dire que les peuples traversent une période de démence temporaire : mais c'est la même pour tous et certains y vivent encore. Pour comprendre les mythes, il faut donc connaître les idées des sauvages sur le monde dont ils sont le reflet. Tous les humains, sauvages ou civilisés, sont avides de comprendre le monde qui paraît si mystérieux. Mais les sauvages aussi curieux que nous sont moins capables d'attention et de raisonnement; ils ont un capital d'idées plus mince que le nôtre. Aussi aboutissent-ils à des explications du monde plus superficielles dont ils se contentent sans difficulté. Et la forme qu'ils donnent à ces explications est toujours narrative. On peut dire que la mythologie reflète une « métaphysique sauvage ». La différence essentielle entre le mode de pensée sauvage et le mode de pensée civilisé tient à la place plus ou moins grande accordée à la personnification des phénomènes naturels, des plantes, des animaux, c'est-à-dire à l'animisme dont E. B. Tylor a montré l'importance dans le fonctionnement de la pensée des sauvages. Pour eux le ciel, le soleil, la mer, le vent sont des personnes, et des personnes qui obéissent aux lois de la pensée primitive. Ils considèrent également les animaux comme doués de personnalité ; hommes et animaux étant des êtres de même nature, rien n'empêche qu'on imagine entre eux des liens semblables aux liens de parenté. Cette conviction s'est développée en une institution appelée totémisme, selon laquelle on croit que certaines familles ou tribus descendent par le sang d'objets animés (ou inanimés selon nos catégories) et particulièrement d'animaux. Cette croyance donne lieu à des règles sociales. En résumé, « les grandes forces de la nature considérées comme personnes sont plongées dans cette confusion inextricable où les hommes, les bêtes, les plantes, les pierres, les étoiles sont tous à un même niveau de personnalité et d'existence animée. Telle est la philosophie de la vie sauvage et tels sont les principes d'après lesquels le sauvage construit ses mythes. Ceux-ci sont en même temps la seule explication scientifique de l'univers qu'il ait été capable de trouver par lui-même ». Ce système d'explication des mythes doit faire appel à la connaissance que l'on a des peuples sauvages contemporains, donc à la science anthropologique. Mais il peut être dit également historique puisqu'il s'appuie sur une histoire de l'humanité parcourant successivement trois stades culturels : sauvagerie, barbarie, civilisation. On observe cependant des décalages entre les différentes populations, si bien qu'il en existe vivant actuellement à l'état sauvage, alors que les peuples européens ont accédé au stade de la civilisation la plus haute. Ceux-ci ont connu cependant, à une époque reculée qu'il est difficile de préciser, l'état de sauvagerie. Ils en ont conservé des vestiges, « débris de civilisation inférieure et morte enclavés dans une civilisation vivante et supérieure », comme le dit Tylor dans sa *Civilisation primitive*. Ces débris, c'étaient par exemple les mythes absurdes et sauvages que les Grecs conservaient alors qu'ils avaient atteint un état de pensée rationnelle ; ce sont les superstitions qu'on observe à l'époque contemporaine, ainsi que les jeux des enfants, les proverbes, les contes. Outre cette notion de survivance, dont on a déjà noté l'importance dans tous ces travaux, il faut remarquer une fois de plus le lien étroit qui unit toujours mythe et folklore, même si le centre de la problématique, qui était chez les Grimm le mythe (ou la poésie de nature), s'est déplacé avec l'école anthropologique anglaise sur le social et l'historique.

On voit combien le système théorique d'A. Lang diffère profondément de celui des Grimm et de celui de Max Müller, comparables entre eux à cet égard. Ils postulaient en effet que l'élaboration de la mythologie se faisait à l'insu de la conscience humaine, bien que dans les hommes, dans un lieu autre que celui de la rationalité et de son exercice : dans le langage pour Max Müller, « comme dans le langage » pour les Grimm. A. Lang ne connaît qu'un seul mode de fonctionnement de l'esprit humain, la rationalité. Ceux qui ne la possèdent pas, ou tout au moins ne la maîtrisent pas complètement, comme les enfants des civilisés ou les peuples encore dans l'enfance de l'humanité, ne peuvent inventer que des productions absurdes, particulièrement sous forme de récits, intellectuellement plus accessibles aux esprits bornés. Mais il faut reconnaître que ces productions narratives représentent cependant un effort vers la rationalité, puisqu'elles sont motivées par la curiosité intellectuelle, le désir de comprendre et de maîtriser le monde extérieur. Il n'existe sans doute aucun être humain, sinon l'aliéné profondément enfoncé dans sa folie, qui soit hors de la rationalité. Même les sauvages y tendent : leurs mythes, tout aussi étranges qu'ils nous paraissent, le montrent.

La théorie d'A. Lang nous ramène plus d'un siècle en arrière au système de Fontenelle. Lang a d'ailleurs fait lui-même le rapprochement — bien qu'il semble n'avoir pas connu très tôt *De l'Origine des fables* — entre sa propre théorie et celle du neveu de Corneille : « L'explication des absurdités de la mythologie, la véritable cause, a été découverte il y a plus de cent ans par un homme de grande réputation, et puis tranquillement oubliée. Pourquoi les anciens peuples, et avant tout les Grecs, ont-ils raconté de leurs héros et de leurs dieux

des histoires si extraordinairement absurdes et grossières ?
C'est là l'énigme du sphynx mythologique. La réponse de
Fontenelle fut brève, spirituelle et exacte ; elle tomba dans
l'oubli et une demi-douzaine de théories aussi érudites qu'im-
possibles eurent tour à tour la vogue [114]. » Fontenelle avait fort
bien vu que les mythes ont été inventés par les peuples encore
plongés dans un état de sauvagerie et d'ignorance presque
inconcevable et qui voyaient par conséquent des prodiges
partout. Ensuite se développe la curiosité intellectuelle qui,
recherchant les causes des phénomènes naturels mais n'ayant
pas les moyens de les appréhender ni de les comprendre,
fabriqua de toutes pièces des récits étiologiques, c'est-à-dire
rendant compte de l'origine des choses, des phénomènes et des
êtres. La causalité historique au double sens du terme, c'est-à-
dire rendant compte dans une narration de l'origine des choses,
racontait la naissance de tel ou tel phénomène ou être. La
causalité historico-narrative tenait lieu de causalité scientifique
et suffisait à satisfaire des esprits curieux, mais superficiels.
Les mythes sont donc nés à une certaine période du développement mental des hommes, ce qui explique leur uniformité à
travers le monde. Fontenelle insiste sur cette preuve de sa
théorie, et A. Lang est heureux de la rappeler puisqu'il s'en est
lui-même servi. En conclusion, il se montre entièrement
d'accord avec Fontenelle lorsque celui-ci déclare : « Ce n'est
point de la science de se remplir la tête des folies des Grecs et
des Phéniciens, mais c'est de la science de comprendre ce qui a
conduit les Grecs et les Phéniciens à imaginer ces folies. » Il
n'est donc nullement nécessaire d'interpréter le contenu des
mythes, puisqu'ils sont profondément absurdes. En revanche,
l'humanité, à une certaine étape de son évolution intellectuelle
et sociale, s'est trouvée dans la nécessité d'inventer ces
absurdités. Le système rationaliste d'A. Lang, donnant la main
par-delà presque deux siècles à celui de Fontenelle annonçant
la philosophie des Lumières, évacue complètement le problème du sens du contenu mythique, en démontrant, ou

croyant démontrer, qu'il n'en a pas, sinon dans une perspective historique ou évolutionniste.

L'école anthropologique anglaise se préoccupe plus en effet d'une recherche de l'origine des mythes ou des motifs mythiques que d'une recherche de leur sens. A cet égard le Français P. Saintyves se montre un disciple soucieux d'appliquer scrupuleusement la théorie à un corpus folklorique aussi bien connu que mal compris jusque-là : les contes de Perrault. Il le fait dans un ouvrage auquel on reconnaîtra, de nos jours, des qualités de nature plus poétique que réellement scientifique [115] : cette approche n'étant pas la pire pour ce qui concerne les contes. La démonstration de Saintyves s'appuie sur deux thèses complémentaires. La première est empruntée à l'école anthropologique, et plus particulièrement à A. Lang, pour lequel un grand nombre d'épisodes des contes « singuliers, étranges et quasi invraisemblables se référaient à des usages et coutumes qui furent jadis universels et qui survivent encore aujourd'hui chez les primitifs ». Pour Saintyves, ces coutumes et ces usages qui survivent dans les contes sont plus précisément des coutumes et des usages *liturgiques,* ce qu'il a appelé ailleurs des *liturgies populaires.* D'autre part, il ne fait pas de doute pour Saintyves que les contes merveilleux — l'expression est utilisée par lui — sont des mythes. Et il retrouve un des principes affirmé à maintes reprises par l'école sociologique française en la personne de Marcel Mauss : « Un mythe n'est que l'exégèse ou le commentaire d'un rituel. » Ces principes formulés par Saintyves, à quoi il faut ajouter une certaine indulgence à l'égard de la théorie solaire, ne l'amènent pas à construire un édifice théorique. Il se contente d'en faire la démonstration sur un corpus déjà constitué, enrichi par lui de versions connues par ailleurs, ou d'autres contes qu'il estime devoir rapprocher de ceux de Perrault. Avant d'étudier chacun des récits après l'autre en constituant autant de petites monographies, il propose une classification fondée sur l'existence des liturgies populaires. Un premier groupe de contes sont des récits saisonniers. *Les Fées* est « non seulement un récit du 1er janvier, mais il s'explique tout entier par l'obligation où l'on était jadis de traiter les fées avec égard et de leur offrir breuvage et nourriture au nouvel an ». *La Belle au bois dormant* se rattache plutôt à la période qui va de Noël à la fête des Rois, les Douze jours, et rappelle l'interdiction où l'on était de filer pendant cette époque de l'année. *Cendrillon*, c'est la reine des Cendres comme *Peau d'Ane* est celle des travestis ou du Carnaval, alors que le *Petit Chaperon rouge*, c'est la Reine de Mai. On a affaire à des rituels du renouveau printanier avec ces trois derniers récits. Le second groupe de contes sont ceux d'origine initiatique, « série non moins homogène, mais d'interprétation plus délicate et plus incertaine ». Il s'agit du *Petit Poucet*, de *La Barbe-Bleue*, de *Riquet à la Houppe*, du *Chat botté*. Andrew Lang a eu le grand mérite d'écarter les interprétations solaires de ces récits, mais se contente de quelques propositions rapides pour les expliquer par des croyances ou des rituels primitifs : coutume du cannibalisme pour l'ogre du *Petit Poucet*, croyance aux objets « fées » pour ce qui concerne la clé tachée de sang de *Barbe-Bleue*, croyance aux métamorphoses, enchantements et rappel de l'époque où l'on croyait que les bêtes parlaient, dans *Riquet à la Houppe* et *Le Chat botté*. Saintyves se propose d'aller beaucoup plus loin en s'appuyant sur le fait que l'initiation jouait un rôle considérable dans les cultes primitifs. « Il y avait des initiations pour faire un homme d'un enfant *(Petit Poucet)*, pour former les femmes à leur rôle d'épouse *(Barbe-Bleue)*, pour enseigner aussi bien au mari qu'à la femme les lois du mariage *(Riquet à la Houppe)*, pour apprendre au futur chef les exigences de son nouvel état *(Chat botté)*. » Il n'est en effet pas concevable que les rituels d'initiation, dont la place est considérable chez les primitifs, « n'aient pas laissé de traces dans nos contes et que les commentaires rituels qui les accompagnaient aient totalement disparu [116] ». Il faut remarquer une fois de plus que, dans la pensée de ces théoriciens, le folklore, qu'il se présente sous forme de croyances et d'observances ou de récits, ne peut avoir ni fonction ni sens actuels. Survivances d'un état social et religieux depuis longtemps disparus, ils sont les débris d'une mémoire inconsciente et sans usage. Saintyves, lui aussi, se refusait à voir ce qu'il aurait pu observer lui-même : la transmission encore vivante des contes dans la société rurale française, transmission qui n'obéissait apparemment pas à une sorte de nécessité innée ou à une compulsion irréfléchie. Ne voulant pas voir que les contes avaient une fonction dans une société donnée parce qu'ils avaient pour celle-ci un sens actuel, Saintyves choisit dans une logique qui lui échappe un corpus de contes à la fois ancien — le plus ancien en français — et transcrit littérairement.

Les deux derniers récits du recueil de Perrault, *Les Souhaits ridicules* et *Grisélidis* ne sont pas à proprement parler des contes ; ce sont des apologues d'origine religieuse. Le premier enseigne les conditions et les limites de la prière ; le second illustre un précepte religieux, à savoir qu'une épouse doit toujours garder respect et dévouement à son mari même si celui-ci se conduit mal, puisqu'ils sont unis par un lien sacré. Ces deux contes, en dépit de leur apparence, sont aussi des contes rituels, « car eux aussi à l'origine commentent des préceptes religieux dont l'enseignement constituait une partie des cérémonies sacrées ».

Pour expliquer tel ou tel motif ou épisode de ces récits, Saintyves fait appel aussi bien à des coutumes, qui ont été notées par les ethnographes chez les peuples primitifs, qu'à des pratiques collectées dans les sociétés paysannes européennes par les folkloristes. Il n'existe pas en effet à ses yeux de différence de nature entre elles : elles relèvent également de l'archaïsme, soit que cet archaïsme survive à côté d'un état de société beaucoup plus évoluée, comme c'est le cas en Europe pour la culture folklorique paysanne ; soit que cette culture archaïque soit partagée de façon homogène par une population restée longtemps sans contact, ou presque, avec la société occidentale. Peu importe en effet, puisque ces motifs ou épisodes relèvent uniformément d'un état ancien de la religion et de la culture, et qui est ou fut identique pour tous les peuples. « Essayer de restituer les liturgies d'où naquirent les contes présente au moins l'avantage de ressusciter les mœurs et les croyances au milieu desquelles les vieux contes sont nés et de réaliser du même coup et au-delà l'ambition des anthropologues comme Edmond Tylor et comme Andrew Lang. »

Peau d'Ane est l'un des récits qui ont le plus occupé les mythologues et les folkloristes en raison du motif scandaleux par lequel débute le conte : un père qui veut épouser sa propre fille. La théorie solaire a été appliquée avec beaucoup de soin à ce récit par Hyacinthe Husson [117]. Le « désir extravagant et criminel » qu'éprouve un roi d'épouser sa fille s'explique aisément si ce roi, Seigneur de la création, est le Soleil. Sa fille est l'Aurore. Lorsque des récits de l'Inde ancienne racontent qu'il est amoureux d'elle, cela signifie seulement que le Soleil, à son lever, court après l'Aurore. Elle est sa fille parce qu'elle se lève lorsqu'il paraît. « Le roi du conte de *Peau d'Ane* est donc une contre-épreuve de ces dieux antiques qui veulent épouser leur fille. Celle-ci, pour échapper à cet odieux projet, déclare, d'après les conseils d'une fée, qu'elle n'accordera son consentement qu'après l'accomplissement de certaines conditions peu faciles à remplir. » Les trois robes qu'elle exige de son père montrent bien son caractère céleste, puisqu'elles doivent être respectivement couleur du temps, couleur du soleil, couleur de la lune. Les ayant obtenues, elle demande la peau d'un âne, dont elle s'enveloppe pour fuir, comme l'Aurore se dérobe dans la brume et la vapeur pour échapper au Soleil. Elle doit cacher sa beauté sous cette peau repoussante et sa noble personne dans des tâches viles. Le prince aperçoit cependant un éclat de sa robe comme un rayon de soleil passe à travers les nuages. Il réussit à la retrouver et l'Aurore peut enfin épouser le prince Soleil-Levant. Il faut remarquer l'ingéniosité — un peu répétitive parfois — déployée par ces savants pour esquiver complètement la question du désir incestueux manifesté par le roi, et pour le déguiser sous un aspect parfaitement anodin. De la même manière, on expliquait la castration que Kronos inflige à son père Ouranos comme une image destinée à signifier la séparation du ciel et de la terre, sans s'interroger sur le choix et le sens de cette image. Ce travail d'interprétation ressemble paradoxalement au travail du mythe lui-même qui tente de cacher un sens latent « scandaleux » sous une affabulation anodine.

En ce qui concerne le désir incestueux du père de Peau d'Ane, Saintyves admet qu'on pourrait lui comparer des pratiques, rares il est vrai, d'unions incestueuses réelles en les empruntant à des peuples primitifs. Ainsi « chez les Wanyoro les frères peuvent épouser leurs sœurs et même les pères leurs filles, mais un fils n'épouse pas sa propre mère, bien que les autres veuves de son père deviennent sa propriété ». Il n'ira cependant pas chercher l'origine du désir du père de Peau d'Ane dans ces coutumes primitives : il fera appel curieusement à une interprétation de même type que celle de la théorie solaire, c'est-à-dire allégorique. Peau d'Ane et son père ne représentent plus des phénomènes naturels, mais des entités : respectivement, l'année nouvelle ou la saison qui la commence, et le Temps qui « tue ou dévore ses enfants, les saisons et les années après avoir tenté de les épouser tour à tour ».

Cendrillon et *Peau d'Ane* sont des récits apparentés (la typologie d'Aarne et Thompson leur donne en effet le même numéro dans la classification internationale en distinguant deux sous-types, 510 A et 510 B). Or, Saintyves rappelle qu'il a vu en Cendrillon la Fiancée des Cendres, Reine du Carnaval, personnifiant la nouvelle année dans les liturgies populaires de Carnaval-Carême. Le déguisement que la jeune fille emprunte pour fuir son père n'est pas toujours une peau d'âne comme dans Perrault et dans un certain nombre de versions françaises. C'est parfois la fourrure d'autres animaux. Ce peut être aussi un habit de bois (versions méditerranéennes) qui lui donne l'apparence d'une vieille souche, ou encore une peau de vieille femme (versions italienne et indienne). Or le personnage de la vieille se retrouve dans de nombreuses liturgies de l'année nouvelle. Il s'agit d'un rappel de l'époque où « la jeune reine du printemps (de même que les premiers mois de l'année) était d'abord obligée de revêtir les haillons sinon la peau de la vieille année ou de l'hiver ». Par opposition à cet aspect repoussant, les trois robes de Peau d'Ane paraissent d'autant plus éclatantes. Pour les tenants de la théorie solaire, Hyacinthe Husson en particulier, ces robes marquent bien le caractère mythique, céleste et lumineux de la jeune princesse. Pour Saintyves, elles ont un rôle magique. « Ces robes mystiques représentent tantôt le ciel, la lune et le soleil, tantôt la lune, le soleil et les étoiles en quelque trinité équivalente [...] Elles mettent l'héroïne en rapport avec les astres en lui permettant soit d'en soutirer les forces fécondantes au profit de la terre, soit de provoquer le retour des mouvements cosmiques qui doivent ramener les astres et le soleil printaniers. » Des versions grecque, espagnole et brésilienne décrivent ces robes comme étant brodées respectivement de champs parsemés de fleurs, de la mer avec ses poissons et du ciel avec les étoiles. Il faut bien admettre qu'elles étaient destinées à provoquer magiquement la croissance végétale, la multiplication des poissons ou la pluie nécessaire aux récoltes et la résurrection des astres. La bague ou l'anneau placé par Peau d'Ane dans un gâteau destiné au prince constitue un motif différentiel entre Cendrillon et Peau d'Ane. C'est par l'anneau qu'elle se fera reconnaître, de même que Cendrillon se fait connaître par l'essai de la pantoufle. La théorie solaire donne à l'anneau un caractère mythique : il est le symbole de la lumière, de l'année, du cycle du temps. Pour Saintyves, l'anneau est surtout le lien magique de la vie, le talisman protecteur de la vie, qui la lie et l'empêche de fuir. « Offert par le fiancé et l'époux, il lie la vie de la fiancée ou de l'épouse à la sienne. Son rôle est beaucoup moins mythique que magique. »

En conclusion, il est clair aux yeux de Saintyves que le récit raconte le mariage rituel de la jeune année, d'abord déguisée en vieille femme et maltraitée, avec le jeune soleil ou avec la saison nouvelle. L'anneau unit non seulement les deux jeunes gens, mais aussi le ciel et la terre, assurée dès lors de recevoir les bienfaits du soleil. « *Peau d'Ane,* le plus célèbre de tous les contes, n'a été tout d'abord que le commentaire d'un rituel populaire, alors que le culte des fées et des esprits de la nature était une véritable religion, alors que le printemps dépendait à la fois des astres et des fées. Les fées furent aux peuples de l'Europe durant tout le Moyen Age leurs nymphes et leurs dryades ; elles hantaient les sources, les champs, les bois ; elles contribuaient au prompt retour des fleurs et à l'abondance des récoltes. Elles protégeaient ceux qui accomplissaient leurs rites, mais tout spécialement les êtres de choix, les filles parfaites ou les servantes modèles qui jouaient les grands rôles dans les cérémonies saisonnières. Celles-là étaient vraiment les élues du peuple et des fées [118]. »

De nos jours, les commentaires de Saintyves paraissent relever plutôt de la poésie que de la science, serait-ce d'une « science de la mythologie », bien que la forme qu'il leur donne n'est évidemment pas celle de la poésie : encore moins l'intention qui préside à son travail. Il serait plus juste de dire que, en commentant *Peau d'Ane*, en remaniant ses épisodes, privilégiant tel ou tel de ceux-ci, en donnant une personnalité différente aux héros, Saintyves fabrique un autre récit, crée un autre mythe. Il utilise les motifs et les personnages du conte comme le bricoleur utilise ses matériaux, leur ajoutant des pièces et des morceaux empruntés à un autre corpus, celui des croyances et des rituels populaires européens. Il s'agit bien ici du bricolage mythique dont C. Lévi-Strauss a montré le processus. « La pensée mythique s'exprime, nous dit-il, à l'aide d'un répertoire dont la composition est hétéroclite et qui, bien qu'étendu, reste tout de même limité ; pourtant, il faut qu'elle s'en serve, quelle que soit la tâche qu'elle s'assigne, car elle n'a rien d'autre sous la main [119]. » Les contes merveilleux se construisent à l'aide d'un répertoire de motifs, d'épisodes et de personnages en nombre limité, ainsi qu'avec quelques règles narratives telles que celles énoncées par Propp dans la *Morphologie du conte*. S'élaborent ainsi divers récits, dans lesquels on peut reconnaître des motifs semblables : mais ceux-ci acquièrent une autre signification à cause du contexte narratif différent dans lequel ils sont employés. Signification un peu différente, ou plus exactement signification approfondie, signification propre, particulière à chaque contexte narratif en dépit d'un habillage formel semblable. C. Lévi-Strauss rappelle, à propos du bricolage de la pensée mythique, la remarque de l'ethnologue F. Boas, qui disait : « On dirait que les univers mythologiques sont destinés à être démantelés à peine formés, pour que de nouveaux univers naissent de leurs fragments [120]. »

Le corpus des contes merveilleux — arrêté au seul domaine français ou aussi bien étendu à toute l'Europe — se présente comme une tranche figée, découpée dans la diachronie des bouleversements narratifs, donnant par conséquent une image d'immobilité, masquant les remaniements incessants opérés à chaque génération par les conteurs et transmetteurs, et dans une plus longue durée les changements sans doute plus considérables du corpus tout entier, que nous n'avons pas la possibilité d'appréhender puisqu'il n'existe pas de collectes datant de plusieurs siècles. On peut cependant se faire une idée, avec les corrections nécessaires, de la façon dont s'élaboraient ces constructions et reconstructions, grâce au travail opéré par certains mythologues et exégètes des contes. Saintyves en donne un bon exemple. Son interprétation construit un autre récit proche de celui dont il part, mais différent dans la mesure où il fabrique ce que l'on pourrait appeler un *métaconte*. Il gomme l'importance de certains épisodes ou motifs : ainsi le motif initial du désir incestueux du père. Il modifie les personnages, scindant par exemple en deux le personnage de l'héroïne. Peau d'Ane devient, pour Saintyves, non seulement ce qu'elle est, une jeune et belle princesse, mais aussi au cours du récit une vieille femme hideuse revêtue de vêtements misérables ou d'un habit de bois ou d'une peau fripée et ridée. Pour lui il s'agit véritablement de deux personnages différents et pour le démontrer il fait appel, on l'a dit, aux liturgies populaires du Carnaval-Carême au cours desquelles on mettait à mort, sciait ou brûlait un mannequin représentant « la Vieille ». Les récits de tradition orale connaissent aussi ce

procédé de dédoublement, parfois de triplement d'un personnage. En outre Saintyves — et c'est là où nous pouvons
particulièrement parler de *méta-conte* — donne une personnalité différente aux héros et héroïne. Peau d'Ane n'est plus une
jeune et belle princesse : elle est la nouvelle année. Son père
n'est plus défini comme roi et père : il est le Temps qui cherche
à dévorer ses enfants, les saisons et les années, après avoir tenté
de les épouser tour à tour (mais Saintyves n'explicite pas le sens
métaphorique de ces épousailles). Le prince amoureux de Peau
d'Ane est le jeune Soleil ou la force active et fécondante du
printemps. Saintyves élabore donc un récit un peu différent à
l'aide des débris empruntés aux versions qu'il peut connaître
de *Peau d'Ane* et de *Cendrillon*, et à l'aide de « motifs » rituels,
de séquences liturgiques ; mais ce faisant il substitue parfois à
ces matériaux narratifs des entités ou des concepts, changeant
de cette manière de niveau, passant de la pure narration à une
ébauche de réflexion sur la narration. Mais sa réflexion reste
prise dans le tissu narratif.

Saintyves n'est pas le seul à avoir analysé de cette manière les
mythes et les contes populaires. Mais il constitue un exemple
particulièrement démonstratif, dans la mesure où il travaille
sur un corpus relativement limité et bien connu. Sur des
matériaux beaucoup plus nombreux, plus variés, moins homogènes, plus dispersés à travers le monde, Frazer met en œuvre
une méthode en partie comparable quand il construit l'immense édifice qu'est le *Cycle du Rameau d'Or*[121]. A l'aide de
rituels, de croyances, de mythes empruntés à toutes les
cultures anciennes et contemporaines du monde entier, il crée
une méta-mythologie. Et comme il est de la nature des mythes
de s'éclairer les uns grâce aux autres, il n'est pas étonnant
qu'en dépit d'un certain manque de rigueur, Frazer réussisse à
élucider des ensembles obscurs ou laisse entrevoir un accès à
une interprétation. Un peu à la manière de Saintyves, mais de
manière plus systématique et plus rigoureuse, Frazer substitue
aux matériaux bruts tels qu'ils sont rapportés par les ethnographes ce que l'on pourrait considérer comme des tiroirs ou

des « étiquettes », à mi-chemin, du point de vue logique, entre le motif mythique et le concept, entre le contenu factuel et le représentant formel. Citons, par exemple, le « roi magique », le « dieu qui meurt », « l'âme extérieure », « entre ciel et terre ». Ces étiquettes constituent des voies d'accès qui peuvent amener à l'interprétation, mais sont parfois aussi des impasses. Avec d'autres intentions que celles de Frazer, Wagner a construit également un univers mythique comparable à celui du *Rameau d'Or,* en ce sens qu'il reconstruit un récit, par exemple dans *Lohengrin,* l'*Anneau du Nibelung, Parsifal,* à l'aide de motifs empruntés à la mythologie germanique et scandinave ancienne, celtique, et même orientale, en y ajoutant son idéologie personnelle.

En cette fin du xixᵉ siècle et en ce début du xxᵉ, la « science » de la mythologie oscille entre deux dangers symétriques et inverses : un hyperrationalisme qui, à la limite, détruit son objet d'étude en lui déniant le seul type de sens qu'il peut reconnaître, le sens logique ; ou bien une sorte d'absorption par son objet d'étude, dans une plongée totale où les tentatives d'interprétation ne peuvent plus que fabriquer de nouveaux mythes ou une méta-mythologie.

CONCLUSION

DE LA NATURE DU FOLKLORE

> « *C'est ainsi que nos usages ont un sens mystérieux et moral, auquel nous ne prenons pas toujours garde, tout en ayant attention de les pratiquer dans chacune des circonstances de la vie.* »
>
> GIRAULT, *Mémoires de l'Académie celtique.*

Une des motivations premières, peut-être la motivation essentielle des savants qui, à partir du début du XVIIIe siècle, s'avisent, deviennent conscients de l'existence de la mythologie, tient à l'étonnement, voire à la stupeur qui les envahit au moment précis où ils prennent de la distance vis-à-vis des mythes grecs et latins. Ils s'aperçoivent alors que dans ces récits, l'absurdité, l'irrationalité le disputent à l'horreur. Fontenelle se dit « épouvanté » par cet « amas de chimères, de rêveries et d'absurdités » ; il est cependant nécessaire à ses yeux d'étudier ce qu'il ne nie pas être des productions de l'esprit humain, mais productions les plus étranges, précisément pour mieux connaître ensuite l'esprit humain. Les fondateurs de l'Académie celtique se proposent d'étudier les traditions populaires, mais dénoncent en même temps leur absurdité en les taxant de « singulières », « bizarres » et même « grotesques ». Max Müller considère les mythes des Grecs anciens comme susceptibles de donner le frisson aux plus sauvages des Peaux-Rouges. Et A. Lang est d'accord avec lui sur un point, à savoir

que la science des mythes présente une difficulté majeure :
« l'élément stupide, absurde et sauvage » de ces récits. L'étonnement, sinon même l'effet de scandale, constitue un véritable
choc émotif, qui met en marche un travail de réflexion dont les
voies sont ensuite diverses [122]. Seule l'école romantique allemande avec les frères Grimm, qui accomplissent le projet fixé
auparavant par Herder, ne subit pas cette stupeur, mais elle
n'échappe pas à un choc émotif d'une autre nature, celui qui
fut provoqué par la lecture des poèmes d'Ossian. L'émotion est
faite également d'étonnement, étonnement devant la nou-
veauté littéralement inouïe de cette poésie ; elle entraîne
l'admiration, l'enthousiasme, le désir de retrouver dans son
propre peuple des productions comparables. Il ne faut certes
pas oublier qu'on a affaire avec les poèmes d'Ossian à une
production presque entièrement fabriquée, imitée de la poésie
populaire ou de ce que l'on croyait être la poésie populaire,
production inauthentique par conséquent, d'où avait été banni
tout ce qui aurait pu choquer la raison et la moralité. Il
n'empêche que ces poèmes ont joué un rôle de révélateur et que
ce rôle fut plus positif que celui de la découverte scandalisée du
contenu de la mythologie grecque et romaine.

Cet étonnement est provoqué par la découverte de l'étrange,
étrange monstrueux ou étrange séduisant. La bizarrerie de ces
productions, que l'on découvre ou que l'on considère d'un œil
neuf, contraint à poser le problème de leur origine : d'où
viennent ces récits, par qui ou par quoi ont-ils été créés ? On a
pu constater que deux types de réponses sont apportés à cette
question. Les théories rationalistes, celles de Fontenelle, de
l'Académie celtique, de l'école anthropologique anglaise, affir-
ment que c'est bien l'homme, l'esprit humain qui est à l'origine
de ces bizarres productions, mais l'homme à un stade précoce
de son développement, sauvagerie ou barbarie. L'homme
contemporain civilisé n'a plus rien à voir avec cet irrationalisme
ancien. Les théories romantiques placent ailleurs le lieu
d'origine des mythes, bien que les frères Grimm et Max Müller
divergent sur ce point. Pour les frères Grimm, on l'a dit, la

poésie de nature n'est pas créée par l'homme. Elle est d'origine divine, révélée à l'humanité, dans laquelle elle vit à travers son histoire et subissant de ce fait des transformations. Pour Max Müller les mythes naissent dans le langage humain et à l'insu des humains. Cette pathologie du langage n'est pas plus maîtrisable par les hommes à l'âge mythopoétique que ne l'est le langage, qu'on ne peut modifier par une décision individuelle. L'origine de la mythologie n'est donc plus divine, mais son fonctionnement échappe tout autant au contrôle. Les mythes vivent dans l'homme, comme des étrangers venus d'ailleurs. Nous voilà donc plongés, avec les Grimm et Max Müller (et à leur insu), au cœur de la problématique de l'inquiétante étrangeté [123].

Dans un célèbre article, Freud rappelle les définitions qui ont été données des termes *heimlich* et *unheimlich* (respectivement — et rapidement, car leurs champs sémantiques sont larges — « familier » et « étranger, étrange »). L'une d'elles mérite d'être rappelée, car son auteur est Schelling qui, peu avant les frères Grimm, avait proposé une définition de la poésie de nature très proche de la leur, sans qu'ils en aient eu probablement connaissance : en Allemagne, dans les années 1800-1810, l'idée était dans l'air. Selon Schelling, « on appelle *unheimlich* tout ce qui devrait rester secret, caché, et qui se manifeste ». A ce titre, Max Müller et A. Lang auraient accepté volontiers que les mythes soient qualifiés de *unheimlich*, puisqu'ils racontent bien souvent des histoires scandaleuses qu'on ne devrait pas raconter. Les mythes participent intellectuellement et affectivement de l'étrange, inquiétant ou non. Ce qu'ils racontent et la façon dont ils le racontent ne relèvent en aucune façon du familier, du quotidien, des cadres communs de la connaissance. Ils semblent venir d'ailleurs et, en même temps, provoquent des résonances intimes. Ils répondent bien à la définition de l'*Unheimliche* donné par Freud, qui « n'est en réalité rien de nouveau, d'étranger, mais bien plutôt quelque chose de familier, depuis toujours, à la vie psychique, et que le processus du refoulement seul a rendu

autre ». Et il ajoute : « La relation au refoulement éclaire aussi
pour nous la définition de Schelling, d'après laquelle l'*Unheimliche*, l'inquiétante étrangeté, serait quelque chose qui aurait dû
demeurer caché et qui a reparu [124]. »

Le contenu du mythe émane de l'inconscient, mais se
manifeste sous une forme plus ou moins déguisée suivant la
force de la répression sociale. A cet égard, c'est sans doute sur
les contes populaires que la censure la plus forte s'exerce. D'où
le sentiment qu'ils donnent, d'être le résultat d'un pur jeu de
l'imaginaire, qui n'a pour fonction que le divertissement
apporté par la fiction et dont la seule rationalité est apparemment d'ordre narratif et ne repose que sur la « logique du
récit [125] ». Dans un essai datant de 1913, et dont le projet était
de montrer l'importance de la psychanalyse pour les « sciences
de l'esprit », O. Rank et H. Sachs voyaient dans le conte « la
dernière forme sous laquelle la production mythique est encore
supportable pour l'homme civilisé adulte [126] ». Subissant une
censure beaucoup plus forte que les mythes, censure de la
culture savante et de la religion, le conte rend plus opaques les
matériaux qu'il utilise ; mais, en même temps, il les humanise,
au lieu de les projeter dans les phénomènes naturels ou dans
des êtres divins ou héroïques. « Le simple mythe livre son
matériel dans un état encore relativement grossier, du fait qu'il
le rapporte volontiers à des circonstances supra-humaines ; le
conte est plus compliqué et réduit ce matériel à ses dimensions
humaines, mais d'une manière fort enveloppée, en l'adoucis-
sant en partie dans le sens de la moralité. Mythe et conte se
complètent pour permettre une pleine compréhension de l'un
et de l'autre, du point de vue de la psychanalyse ; celle-ci
montre que les thèmes choquant notre sensibilité correspondent à des motions libidinales universelles présentes chez le
primitif mais aussi dans la vie psychique inconsciente de
l'adulte civilisé, et par là elle amène à reconnaître leur réalité
psychique [127]. » C'est peut-être parce que le conte subit une
censure plus forte et qu'il tend à se rapprocher beaucoup plus
de la pure fiction littéraire, que Freud déclare, dans ce même

travail sur l'*Unheimliche*, que les contes de fées ne provoquent pas de sentiment d'inquiétante étrangeté, bien que la plupart des choses qu'ils racontent seraient fort inquiétantes dans la vie réelle. C'est qu'en effet, « pour que naisse ce sentiment, il est nécessaire qu'il y ait débat, afin de juger si l' " incroyable " qui fut surmonté ne pourrait pas, malgré tout, être réel ; or, cette question a été écartée dès l'abord par les conventions qui président au monde où évoluent les contes [128] ». Ajoutons que ces conventions sont la condition *sine qua non* de la survie de ces récits de nature mythique.

Les contes ne sont, en effet, pas des mythes dégradés ou dégénérés. Ils utilisent les mêmes matériaux que les mythes, mais les organisent selon d'autres règles narratives et les placent en quelque sorte sur une autre scène. Les raisons de cette mutation sont d'ordre historique. Il ne s'agit pas d'un effet d'usure et de délabrement comparable à celui du temps sur les êtres et les choses, mais d'un processus de création, où les mêmes matériaux ou des matériaux semblables sont aménagés selon d'autres règles pour aboutir à un édifice d'apparence différente, dans lequel on peut encore reconnaître un motif ancien pris dans la trame nouvelle. C'est à ce type de recherche que se sont livrés essentiellement les savants du xixᵉ siècle qui ne manquaient pas de voir les rapports évidents entre mythe et folklore, mais considéraient leur tâche comme achevée lorsqu'ils avaient repéré ces similitudes, sans s'apercevoir qu'il s'agissait d'objets différents. A vrai dire l'objectif qu'ils s'assignaient chacun pour leur part était un objectif impossible, dans la mesure où ils ne disposaient pas de la notion d'inconscient, encore moins d'une théorie de l'inconscient. Il faut reconnaître qu'à cet égard les frères Grimm et Max Müller se sont placés intuitivement dans la position la plus proche de la réalité mythique qu'il était possible à l'époque, en supposant que le lieu de création des mythes se trouvait « ailleurs », et non pas dans les facultés rationnelles des hommes. Ils ont défini cet « ailleurs » suivant l'idéologie de leur époque, sans pouvoir soupçonner qu'il se trouvait au plus près, tout en étant bien un « ailleurs ». Aux autres théoriciens, il ne restait que le recours à l'histoire, qu'utilisent également les Grimm et Max Müller ; mais il s'agit rarement de l'histoire comme discipline scientifique : là aussi nous sommes dans un usage idéologique où le meilleur terme serait encore celui d'historicisme.

Tous les théoriciens du XIXᵉ siècle, auxquels il faut joindre Fontenelle, supposent un stade précoce de l'histoire de l'humanité, pendant lequel se serait exercée l'activité mythopoétique : l'existence de ce stade est justifiée par des raisons qui ne sont pas les mêmes suivant les auteurs, mais qui participent toutes d'un principe qu'on pourrait dire de primitivisme. Qu'il s'agisse, avec Fontenelle, des « premiers siècles du monde », où l'ignorance et la barbarie étaient extrêmes chez les « nations qui n'avaient point entendu parler des traditions de la famille de Seth, ou qui ne les conservèrent pas » ; avec les frères Grimm, d'une époque contemporaine de la première humanité, ou peut-être même antérieure à elle, puisque la mythologie est d'origine divine ; avec Max Müller, d'un stade mythopoétique du langage humain, qui ne correspond pas à une période précise de l'histoire de l'humanité et des peuples, mais qui se manifeste plutôt aux époques reculées ; et enfin avec l'école anthropologique anglaise, d'une étape déterminée, la plus précoce, de l'évolution de l'humanité, dont les trois périodes successives sont connues et nommées — sauvagerie, barbarie et civilisation. Et les mythes, tels qu'ils sont arrivés jusqu'à nous, à quelque culture qu'ils appartiennent, ne sont à tout prendre que des survivances à l'instar du folklore. L'erreur de tous les théoriciens a consisté, en somme, à attribuer à l'objet étudié ce qui n'était qu'une caractéristique de leur propre attitude, à savoir leur désir de situer cet objet aussi loin que possible par rapport à eux-mêmes. C'est en ce sens que nous parlions d' « historicisme » : il ne s'agit pas de dater l'apparition d'un phénomène ; il faut en retrouver l'origine. Cette remontée dans le temps fait entrer le chercheur dans le mythe et sa recherche dans l'idéologie. Cet éloignement se fait, on le voit, essentiellement dans le temps, mais parfois aussi dans l'espace : ainsi lorsque le lieu des mythes est projeté par la théorie solaire aux confins du monde visible, dans les astres ou les phénomènes célestes, ou par la théorie anthropologique dans l'en deçà de la civilisation occidentale, chez les sauvages. Cette nécessité d'éloigner les mythes le plus possible constitue une réaction consécutive à la prise de conscience de l'étrangeté du mythe et de l'inquiétude provoquée par le sentiment confus qu'il n'est peut-être pas si étranger qu'il le paraît ; donc par les résonances intimes qu'il fait naître. Il faut éloigner cet objet de scandale [129]. Mais on continuera de l'étudier car il est aussi fascinant que scandaleux.

Il existe une autre raison à cet éloignement du mythe : elle consiste à prendre ce que raconte fondamentalement le mythe pour théorie. Car le mythe parle essentiellement des origines, dit J.-P. Valabrega. « Tout mythe se rapporte à l'origine. Toute question d'origine ne saurait ouvrir que sur un mythe. Tout ensemble syncrétique *mythe-origine* tend vers un au-delà, un système universel, une cosmologie. Tout système cosmologique, tendant à l'universalité, est une genèse, une geste. Conformément à l'étymologie — ou genèse du mot — la geste procède de la gestation : elle nous la raconte et vise à en rendre compte. Le cycle mythe-origine ne se boucle aussi que pour s'ouvrir sur un recommencement nouveau. Telle est la définition que l'on peut proposer du système des mythes, ou mythologie [130]. » Le mythe qui parle essentiellement des origines est renvoyé par les théoriciens soit à l'origine de l'humanité, soit à l'origine du langage humain, dont il serait consubstantiel. Ils font de même en ce qui concerne les productions folkloriques, dont l'origine se trouve renvoyée dans un passé, certes moins éloigné, mais difficilement saisissable comme véritable moment historique. Qu'il s'agisse de l'enfance des peuples avec Herder ou de la civilisation celte ou gauloise avec les fondateurs de l'Académie celtique, nous ne sommes nullement dans une histoire datable, même si elle est plus proche de nous que les premiers balbutiements poétiques de l'humanité.

En 1908 encore, P. Sébillot voyait dans les croyances et les coutumes populaires les survivances des religions antérieures au christianisme qui subsistent sous forme de débris : « Je songeai que l'on n'avait pas jusqu'ici tracé un tableau des traditions et des croyances, qui se traduisent dans la pratique par des rites, des gestes et des formules, débris de cultes naturalistes ou déformations de religions plus avancées, qui survivent encore chez les peuples civilisés et à l'ensemble desquels on peut donner le titre de *Paganisme contemporain*[131]. » Il ne précise pas quels sont ces cultes anciens et ces religions et n'établit jamais de lien entre telle pratique ancienne et telle superstition actuelle. Il se contente de parler vaguement de « croyances d'origine antique » ou de « cultes qui, parfois, remontent aux premiers âges de l'humanité ». Le « paganisme contemporain » de Sébillot répond assez bien à ce que Tylor appelait les « survivances partielles ». Ayant défini ce qu'il entend par survivance — qui n'est après tout qu'une variante positive de la superstition —, il ajoute : « [...] on comprendra ainsi sous une expression commune ce qu'on pourrait appeler les *survivances partielles*, c'est-à-dire tout cet ensemble de cas nous offrant de vieilles habitudes assez bien conservées pour qu'on en puisse saisir l'origine, quoique, en prenant une forme nouvelle, ces mêmes choses se soient adaptées si bien à leur milieu nouveau, qu'elles y gardent leur place par leur propre valeur[132]. »

Cette expression de « survivance partielle » décrit bien la façon dont se présentent les productions folkloriques, telles qu'elles sont vécues par ceux qui les possèdent et telles qu'elles sont appréhendées par les folkloristes. Tous partagent également l' « illusion archaïque » qui est au cœur de la problématique du folklore ainsi que du mythe. On la trouve exprimée avec force par Henri Hubert, historien des religions, archéologue également, qui collabora avec Marcel Mauss. Dans le compte rendu d'ouvrages concernant le folklore de l'Ecosse, il déclare : « Le folklore d'un peuple se compose en majeure partie des résidus de son passé, et des reliques de ses prédécesseurs, à divers degrés de dessèchement et de décomposition. Les pratiques et les croyances qu'on relève dans les recueils ne sont souvent que des épaves, mais souvent elles vivent encore ou vivaient il y a peu d'années. La signification de ces faits change, ils passent d'une catégorie dans une autre, le rite devient jeu et tel banquet de moissonneurs conserve la trace à peine effacée d'un rite religieux. La valeur sociologique de ces recueils dépend donc en grande partie du soin avec lequel leurs auteurs datent leurs témoignages et caractérisent leurs témoins[133]. » Les termes qu'utilise H. Hubert sont brutaux : ils marquent non seulement l'appartenance du folklore à un état antérieur de la culture et de la société, mais aussi l'aspect informe sous lequel il nous parvient : ces « résidus », ces « reliques », ces « épaves », desséchés et décomposés, étaient encore vivants il y a peu, ou vivent encore, mais d'une autre vie, amoindrie et dévalorisée, comme de grands vieillards dont le champ d'activité s'est réduit de façon dérisoire.

Les « résidus » et les « épaves » de H. Hubert rencontrent les « débris » et les « vestiges » de P. Sébillot. Ces termes rendent bien compte du caractère apparemment fragmentaire des documents folkloriques, qui ne donnent effectivement jamais le sentiment d'une totalité, d'un système se suffisant à lui-même. La littérature folklorique provoque toujours l'impression décourageante d'avoir affaire à des matériaux en miettes. Prenant son inspiration dans un autre système d'images et d'idées, E. Burnouf compare les traditions recueillies par les frères Grimm à des blocs erratiques, qui, au milieu des terrains d'une autre nature, attestent un ancien état de choses dont ils sont parfois les uniques témoins. Freud pour sa part, on l'a vu, rapproche ces vestiges de ceux de l'enfance de l'individu. Les souvenirs d'enfance se présentent en effet de façon discontinue, ils ne permettent pas de reconstituer la totalité du vécu de cette période, ils émergent comme des îlots — ou des blocs erratiques — au milieu de la brume de l'oubli, enfin ils sont le plus souvent de portée dérisoire, si on les compare aux événements importants qui ont eu lieu et n'ont pas laissé de souvenirs. Allant au-delà de cette comparaison, Freud voit dans les représentations collectives populaires les traces mnésiques inconscientes des impressions de l'humanité primitive. K. Abraham applique à l'étude des rapports entre rêve et mythe l'hypothèse de Freud [134], et illustre une de ses propositions dont il ne prendra connaissance qu'après avoir écrit son essai : « Il est fort vraisemblable que les mythes sont les résidus déformés des phantasmes de désir de nations entières, les *rêves séculaires* de la jeune humanité. » De même que les souvenirs de l'enfance subsistent chez l'adulte, mais refoulés et susceptibles d'une expression qui ne peut être que déformée, de même les mythes contiennent des réminiscences de l'enfance de l'humanité. « Le mythe est un fragment dépassé de la vie psychique infantile de la collectivité. Il contient (sous une forme voilée) les désirs de l'enfance de la collectivité [135]. » L'ontogenèse répète la phylogenèse, y compris dans l'élaboration mythique que reconstruit Abraham. « Au cours de la période de préhistoire, un peuple élabore ses désirs en constructions phantasmatiques qui parviennent à la période historique sous forme de mythes. De même l'homme crée au cours de sa " période préhistorique " les phantasmes issus de ses désirs qui persistent dans les rêves de la " période historique ". *Ainsi le mythe est le vestige de la vie psychique infantile d'un peuple et le rêve est le mythe de l'individu* [136]. »

Tous les systèmes d'explication qui ont été proposés durant plus de deux siècles, depuis Fontenelle jusqu'à Freud, renvoient donc le mythe et le folklore dans un passé lointain, une histoire non datée et non datable. En cela ils sont entièrement d'accord avec les « informateurs », ceux qui possèdent et pratiquent la tradition, qu'elle soit mythique ou folklorique : ils ne peuvent, ni ne veulent, lui assigner une date d'origine. La valeur de la tradition vient de la certitude qu'elle a été pratiquée et transmise de tout temps. Les folkloristes, ethnologues et mythologues qui recueillent ces traditions, et en font l'objet de leurs réflexions et de leurs études, adoptent dans cette démarche la croyance de leurs informateurs : mieux encore, ils en font le fondement de leurs théories. Cette conviction unanime est de nature à susciter la curiosité, et d'autant plus quand on admet qu'aucun trait de la société ni de la culture ne peut se maintenir vivant s'il n'y remplit une fonction. La seule explication qui puisse rendre compte de la conviction, partagée entre « pratiquants » et savants, concernant l'origine toujours reculée du mythe et du folklore, doit considérer l'archaïsme affiché de ceux-ci comme leur forme nécessaire. A l'abri de cette forme, de cette apparence archaïsante, pourront se développer des contenus dont les « pratiquants » ne se sentiront nullement responsables, puisqu'ils n'en sont que les héritiers et non les auteurs. Mais dans ce cas, forme et fonction sont étroitement liées. La forme archaïque du mythe et du folklore répond à leur fonction, qui est de maintenir — paradoxalement — de manière toujours vivante et actuelle le passage vers, et de l'inconscient. Collectivement ce passage, ce va-et-vient, se fait *sous couvert* de l'archaïsme. Les productions mythiques — et les productions folkloriques dans la mesure où elles comportent une part de mythique — doivent nécessairement se présenter sous la forme d'archaïsmes, dont l'origine est tellement lointaine qu'elle est inassignable ou renvoyée par les théoriciens dans un passé non démontrable. Le mythe est en fait le non-démontrable : de par sa nature, il a toujours été là, présent. Comme le disaient les frères Grimm à propos des contes : « Leur *existence* seule suffit à les défendre. » Ou bien encore, de façon paradoxale, les mythes se présentent à la fois comme mythes et comme justifications et explications — étiologies — d'eux-mêmes. Non contents de raconter l'origine des choses et des êtres, ils racontent leur propre origine. « Voilà la parole mythique élémentaire : celle d'un auto-engendrement », dit J.-P. Valabrega, qui nous met en même temps en garde contre la tentation d'identifier mythe et inconscient [137]. Lorsqu'il affirme par exemple que « l'inconscient est construit et reconstructible comme un mythe », il ne s'agit que d'un modèle ou *analogon* d'intelligibilité. Il en est pareillement des tentatives d'assimiler mythe et langage, comme n'hésitait pas à le faire Max Müller, ou inconscient et langage, comme on le voit dans une théorie psychanalytique récente.

Les productions mythiques et folkloriques sont comme ces « rejetons de l'inconscient » dont parle Freud, et qui peuvent prendre la forme chez l'individu de formations substitutives et de symptômes. Ceux-ci apparaissent comme des émergences hétérogènes par rapport au système conscient ; de la même manière les mythes, et plus encore peut-être les traditions populaires, sont perçus comme des fragments disséminés au milieu du système social et culturel, et issus d'une époque beaucoup plus ancienne.

Cette hypothèse permet aussi de mieux comprendre deux autres caractères des faits folkloriques : leur permanence et leur opacité. La permanence joue en quelque sorte sur les deux tableaux de l'archaïsme et de l'actualité : elle permet de comprendre que les traditions sont à la fois anciennes et vivantes, réconciliant du même coup les folkloristes historicisants et Van Gennep (« permanence et métamorphose » du mythe selon J.-P. Valabrega). A vrai dire, dans les rares cas où l'on peut assigner une date d'origine à des traditions populaires, on s'aperçoit qu'elles ne remontent pas à la « nuit des temps ». Mais on peut supposer qu'elles ont pris la place d'autres traditions dont la signification était semblable et la morphologie différente. Aussi réticent que fût Van Gennep devant l'histoire, il déclarait : « La rigueur actuelle de cette méthode [historique] interdit dans beaucoup de cas de faire dépasser à une hypothèse d'origine le haut Moyen Age pour la forme d'une part, bien que pour son contenu psychologique il puisse paraître normal de le faire remonter même à l'époque néolithique [138]. » Sans doute ce contenu psychologique ne procédait pas de l'inconscient pour Van Gennep, qui formulait cependant bien les rapports qui existent dans les faits folkloriques entre forme et contenu. Si le contenu est relativement stable, la forme est sujette à un grand nombre de variations qui s'inscrivent non seulement dans le temps, mais aussi dans l'espace : d'où la multitude et la diversité des croyances et des coutumes relevées non seulement en Europe, mais aussi en France. Cette diversité pose un premier problème d'interprétation. Il arrive en effet souvent que deux traditions dissemblables aient la même signification : il arrive aussi que deux traditions semblables relèvent d'un sens différent. Le second problème, et non le moindre, tient à la difficulté générale qu'il y a à découvrir un sens inconscient derrière des configurations verbales et gestuelles. Si la psychanalyse apporte dans ce cas quelque lumière sous la forme de repères structuraux, la méthode psychanalytique, ayant été mise au point pour explorer l'inconscient individuel, ne peut s'appliquer telle quelle au domaine du folklore. Il faut rappeler que Freud fut convaincu très tôt que ses découvertes pouvaient et devaient s'appliquer au domaine collectif. Il en a donné lui-même des démonstrations éloquentes.

Si l'interprétation symbolique fournit un certain nombre de clés, il faut se garder de considérer celle-ci comme des passe-partout. En dépit de l'existence de quelques symboles univer-saux, la traduction mécanique est aussi impossible dans ce domaine que dans celui du langage, car les symboles, comme les mots, possèdent toujours une certaine polysémie qui joue dans les différents contextes. Mais là aussi il faut se garder des analogies trompeuses : la symbolique collective inconsciente qui se révèle dans le folklore n'est pas un véritable langage car le sens qu'elle véhicule n'est pas connu de ses utilisateurs. Le folkloriste est dans l'obligation de transformer ce que Freud appelle l' « ignorance consciente » et qui recouvre une « con-naissance inconsciente [139] » en une connaissance consciente, sinon scientifique. C'est en ce sens qu'il est peut-être souhaita-ble de conserver à ce domaine l'appellation de folklore, en dépit de sa récente connotation péjorative.

On a dit que le mot fut proposé en 1846 par l'Anglais W.-J. Thoms pour remplacer le terme de *popular antiquities,* utilisé jusqu'à cette date en Angleterre. Conformément à l'étymologie, Thoms considérait le folklore comme the *learning of the people*. L'anglais *lore*, qui provient d'une racine germanique, signifie en effet « savoir, connaissance », et *folklore* « savoir populaire » (et non « science qu'on a du peuple », suivant un contresens parfois intentionnel). Il est regrettable que l'origine anglo-saxonne du mot ne laisse pas apparaître ce sens en français, car il est essentiel. Il s'agit bien en effet d'un savoir, mais non pas du savoir approximatif, voire erroné, que le peuple est censé posséder. Il s'agit d'un savoir réel, mais inconscient, qui emprunte des formes et des voies indirectes pour se manifester. Dans le même texte où il oppose l'ignorance consciente et la connaissance inconsciente, Freud analyse le mécanisme de la superstition individuelle et collective :

> « Ce sont cette ignorance consciente et cette connaissance inconsciente de la motivation des hasards psychiques qui forment une des racines psychiques de la superstition. C'est *parce que* le superstitieux ne sait rien de la motivation de ses propres actions accidentelles et *parce que* cette motivation cherche à s'imposer à sa reconnaissance, qu'il est obligé de la déplacer en la situant dans le monde extérieur. Si ce rapport existe, il est peu probable qu'il soit limité à ce seul cas. Je pense en effet que, pour une bonne part, la conception mythologique du monde, qui anime jusqu'aux religions les plus modernes, *n'est autre chose qu'une psychologie projetée dans le monde extérieur*. L'obscure connaissance (qu'il ne faut pas confondre avec la connaissance vraie) des facteurs et faits psychiques de l'inconscient (autrement dit la perception endo-psychique de ces facteurs et faits) se reflète [...] dans la construction d'une *réalité suprasensible*, que la science retransforme en une psychologie de l'inconscient [140]. »

La tâche du folklore est donc de traduire la connaissance « obscure », inconsciente, qui se dissimule dans les formations superstitieuses, rituelles et narratives populaires, en une connaissance vraie, sinon scientifique. Déjà en effet, la question se pose pour les sciences humaines d'aboutir à une connaissance réellement scientifique. Parmi celles-ci, le folklore est peut-être la moins propre à y arriver, dans la mesure où il se situe, on l'a dit, au croisement même du mythe, du social et de l'historique. On franchit une étape essentielle en reconnaissant cette topographie particulière [141]. Les fondateurs de l'Académie celtique ont eu l'immense mérite de la pressentir : une des intentions de leur entreprise était de « distinguer la mythologie d'avec l'histoire ». Mais les critères en étaient trop difficiles à établir à cette époque, sans l'instrument essentiel que représente le concept d'inconscient. Aussi ont-ils fait la part trop belle à l'histoire, victimes en cela de l'idéologie qui les animait, victimes de leur celtomanie. Si leurs successeurs se montrèrent moins attachés à l'idée celte, ils furent cependant incapables de faire la critique de l' « illusion archaïque » véhiculée par la théorie des survivances. Cet aveuglement les empêcha d'accéder à la signification des faits folkloriques, qui restèrent pour eux impénétrables et dénués de sens. Aussi se bornèrent-ils le plus souvent à en faire la collecte, les considérant à tout moment comme fragiles et menacés de disparition. Van Gennep, grâce au renversement qu'il opère dans la façon de considérer les traditions populaires, introduit dans le folklore un instrument classificatoire avec son concept de rite de passage [142]. Le progrès est sans doute très important, mais il se situe à un niveau formel et ne permet pas d'accéder à un véritable sens interne. C'est qu'en effet Van Gennep, par réaction à l'égard de ses prédécesseurs, évacue totalement la composante historique du folklore, sans s'apercevoir qu'elle est fondamentale, en dépit, ou à cause, du fait qu'elle est souvent illusoire. Une bonne méthodologie du folklore devra toujours tenir compte de sa double origine et de sa double nature, historique et mythique ; on dispose de cette manière d'un instrument de critique indispensable.

La disgrâce et le mépris qui s'attachent au folklore se sont développés en même temps que l'ethnologie s'affirmait comme une discipline autonome, dotée d'une méthodologie propre. Il est tentant de penser que les deux phénomènes sont en relation l'un avec l'autre. Il est probable que les ethnologues sont en effet à l'origine de ce rejet dédaigneux du folklore dans l'amateurisme vite ridiculisé. Travaillant dans des sociétés qui ne sont pas les leurs, les ethnologues peuvent alors reconnaître les mythes là où ils se trouvent, avec la nature et les fonctions qui sont les leurs. Le malaise et les résistances commencent lorsqu'il s'agit d'étudier les mythes de sa propre société, sinon de sa propre culture, comme devaient le faire les folkloristes. Ce malaise était déjà ressenti dans la Grèce ancienne où coexistaient une pensée rationnelle amplement développée dans la philosophie, la science et les techniques et une mythologie à la fois vivace et objet de scandale [143]. En outre, les ethnologues ont, jusqu'à une date récente, éliminé la problématique historique de leurs travaux, faute des matériaux que transmet l'écriture, et victimes peut-être aussi de l'idéologie sous-jacente des sociétés qu'ils étudient, « sociétés froides », selon l'expression de C. Lévi-Strauss, qui ont refusé l'histoire. C'est dire qu'ils avaient simplifié les données du problème en ne conservant que la problématique mythique, si bien qu'ils n'étaient jamais ou presque jamais confrontés à cette double origine des matériaux recueillis.

Le folklore est donc un objet d'étude difficile à définir. Son champ ne peut être entièrement recouvert par l'histoire, ni par la mythologie, ni par l'ethnologie. La meilleure définition du lieu où on peut l'appréhender serait au point de jonction entre ces trois domaines. Il se présente comme un ensemble d'archaïsmes qui, loin d'être des anachronismes à l'époque où on les observe, sont vivaces, bien enracinés et ont une fonction sociale. En outre, il est toujours appréhendé comme une poussière de petits faits épars. Le parrain du folklore, ce William Thoms qui, en 1846, baptisa cette discipline et, curieusement, n'a rien laissé de plus remarquable, notait déjà avec beaucoup de clairvoyance ces caractères : « Tous ceux qui se sont attachés à l'étude des mœurs, des coutumes, des observances, des superstitions, des ballades, des proverbes, etc., de l'ancien temps, ne peuvent que parvenir à deux conclusions : 1°) à quel point ce qui est curieux et intéressant en ces matières est maintenant entièrement perdu ; 2°) combien on peut cependant en sauver grâce à des efforts opportuns. » Citant en exemple le seul ouvrage remarquable à ses yeux paru jusque-là dans ce siècle, la *Deutsche Mythologie* de J. Grimm, il y voit « une masse de faits minuscules, dont beaucoup, considérés séparément, apparaissent futiles et insignifiants, mais, insérés dans le système où son génie les a entrelacés, prennent une valeur que lui, qui les avait d'abord collectés, n'avait même jamais rêvé de leur attribuer [144] ». Ce système était évidemment pour Grimm d'ordre historique.

A vrai dire, il est certainement impossible de faire entrer le folklore dans un système. Son caractère de dispersion est trop fondamental pour cela. Quand on tente de le saisir, on s'aperçoit qu'il est partout et nulle part. Il est loin d'affecter seulement une catégorie sociale bien définie dans l'espace et le temps, à savoir la paysannerie enfoncée dans un certain obscurantisme, comme on a parfois voulu le faire croire. Les folkloristes les plus classiques admettent qu'il existe un folklore des métiers (ainsi le folklore des pêcheurs étudié par Sébillot), un folklore militaire, un folklore juridique, un folklore urbain, un folklore des enfants, etc. Il prend naissance aussi bien dans une vaste communauté que dans un petit groupe de gens réunis par une activité ou un caractère communs. On peut même aller jusqu'à dire qu'il peut affecter l'individu aussi bien que la collectivité la plus étendue. Il n'y a en effet aucune différence de nature entre les superstitions individuelles et les superstitions collectives. Seul le nombre de gens qui y adhèrent et l'élaboration plus ou moins importante qui en résulte sont différents. A partir de ces constatations, on peut proposer, sinon une définition du folklore, du moins une détermination de ses conditions d'apparition.

Une société donnée est confrontée à la notion de discontinuité culturelle, telle que l'a définie C. Lévi-Strauss, de trois façons possibles : en prenant connaissance de cultures étrangères, soit contemporaines mais situées dans un autre lieu du globe, soit établies dans le même espace géographique mais dans un autre temps, soit encore éloignées à la fois dans l'espace et le temps [145]. Mais la civilisation occidentale connaît un quatrième type de discontinuité culturelle, celle où deux cultures coexistent dans le même espace et dans le même temps, bien que l'une postule l'archaïsme et même l'anachronisme de l'autre. Le folklore comme discipline est né de cette façon, c'est-à-dire d'une projection dans l'histoire, et même la préhistoire, d'une culture contemporaine jusque-là inacceptable sur le plan de la raison et de l'orthodoxie religieuse. Il y a en effet folklore dès qu'un groupe social — quelle que soit sa taille — ne partage pas entièrement la culture dominante (qu'il ne veuille ou ne puisse le faire) et sécrète une autre culture qu'on qualifiera, selon les cas, de culture marginale, de contre-culture, de sub-culture, et dont la fonction est d'affirmer l'identité du groupe en tant que tel. La distance n'est donc ni spatiale (comme lors de la découverte des Amérindiens qui a contribué à la naissance de l'ethnographie), ni temporelle (puisqu'il y a contemporanéité), mais uniquement culturelle. Une discontinuité culturelle contemporaine et privée de la distance qui tempère son étrangeté est très difficile à admettre. On peut expliquer par là, on l'a dit, la naissance tardive et les débuts difficiles et lents du folklore comme discipline. Cette hypothèse permet en outre d'expliquer d'autres caractères du folklore. Ainsi comprend-on pourquoi le folklore le plus remarquable par son importance est celui de la classe paysanne des sociétés traditionnelles européennes, au point qu'on a parfois identifié l'un à l'autre. Cette classe paysanne constituait un groupe social qui ne pouvait participer à la culture dominante (culture savante, culture littéraire), ni même entièrement à la religion imposée. D'où son besoin de créer une culture qui lui soit propre, avec des croyances, des rituels, des narrations, une musique, des costumes particuliers, etc. La fonction de cette culture était d'assurer une identité à cette société paysanne opprimée et de lui permettre, en outre, tout un jeu de différenciations internes à l'échelon local. On comprend également pourquoi le folklore ne constitue pas une culture totale, globale, puisqu'en effet il s'insère dans un cadre religieux, culturel, socio-économique plus vaste, qui était, dans le cas de cette société paysanne, la civilisation préindustrielle européenne. D'où l'impression ressentie par tous les folkloristes que les matériaux dont ils s'occupent sont épars, dispersés, dépourvus de cohésion, si ce n'est même de cohérence. En revanche, les sociétés primitives n'ont pas de folklore tant qu'elles constituent des ensembles culturellement homogènes : tout le monde participe à, et participe de, la même culture, il n'existe pas de culture dominante, ni par conséquent de culture marginale. De cette manière, on peut comprendre aussi pourquoi la naissance du folklore comme discipline se produit dans une Europe soumise à la poussée des nationalismes. Pour J. Plumyène, « le nationalisme, dans son essence et dans son histoire, est en rapport avec la question de la *légitimité politique*. Il répond, il correspond, à une crise majeure affectant la Loi à sa source, la détruisant dans sa figuration traditionnelle, ruinant l'ordre social dont elle garantissait la cohérence, abolissant la représentation du monde dont elle assurait la mise en perspective [146] ». Tout pays, privé brutalement de la légitimité traditionnelle de la royauté, tente alors de se reconstituer en *nation*, c'est-à-dire en une communauté soucieuse de se donner des origines propres, fondées dans une histoire plus reconstruite que réelle. L'identité que les peuples projetaient jusque-là dans la tradition monarchique se constitue alors dans une idéologie nationaliste, où les traditions et la poésie populaires, anciennes par définition, jouent un rôle plus ou moins important. Et lorsque les matériaux fondateurs font défaut, on n'hésite pas à les fabriquer.

Dès son origine, le folklore se trouve en effet confronté à une antinomie entre, d'une part, l'authentique, le vrai, l'originel, le primitif et, d'autre part, le faux, le falsifié, le fabriqué. A l'origine du mouvement qui a donné naissance au folklore comme discipline, il y a un faux, le faux d'Ossian, qui eut un succès prodigieux dans toute l'Europe, mais qui, en fait, a été forgé par Macpherson à l'aide de bribes et de morceaux empruntés pour une petite partie à l'ancienne poésie gaélique, pour le reste à des matériaux puisés aussi bien dans Homère et dans la Bible que dans la mythologie scandinave, et harmonisés par un style poétique insipide. Dans ce recueil fabriqué on admira le caractère vrai, authentique, primitif, d'une poésie proche de la nature. Mieux encore, il suscita dans une grande partie de l'Europe le désir de retrouver une poésie ancienne nationale et de recueillir des coutumes et des croyances populaires, certes frustes et grossières, mais sans artifices [147]. Ainsi les frères Grimm exalteront la « poésie de nature » et chercheront à atteindre le primitif, l'originel, l'*Ur*. Mais ils n'hésitent pas à « fabriquer » un conte à l'aide de plusieurs versions. En France, au milieu du XIXᵉ siècle, Hersart de la Villemarqué compose son recueil intitulé *Barzaz-Breiz, chants populaires de la Bretagne* (1839), en s'inspirant de chansons bretonnes connues de lui par des sources directes, mais qu'il avoue avoir arrangées lorsque l'expression ne lui paraissait pas suffisamment poétique [148]. La grande épopée finnoise, le *Kalevala*, est une élaboration à partir de fragments disparates, « un vase nouveau fait des débris d'autres vases » selon l'expression de G. Cocchiara. J. Plumyène cite le cas des manuscrits de Fralove Dvor, petite ville de Bohème, qui, en dépit du fait qu'ils étaient des faux purs et simples, jouèrent un grand rôle dans la reconnaissance de la nation tchèque [149].

A l'opposé de ces procédés qui nous paraissent tellement blâmables, on trouve l'exigence contemporaine de fidélité, de véracité, de précision et de rigueur dans les collectes folkloriques. On pourrait se contenter de dire que cette exigence s'est fait lentement jour à partir de la naissance du folklore, si un phénomène plus récent ne venait démentir cette évolution apparemment normale vers une plus grande rigueur scientifique. Il s'agit de diverses activités qui ont toutes pour intention de faire revivre le folklore passé : groupes folkloriques utilisant des costumes, une musique, des chansons, des danses, à la fois simplifiés et composites, dans des spectacles où la participation du public ne peut qu'être passive, construction de maisons approximativement traditionnelles ; copies d'objets destinés non plus à un usage quotidien, mais à la décoration ; enfin le phénomène récent, doté pour sa part d'une plus grande créativité, de ce que l'on a appelé le *folk-revival*. Un processus encore plus récent de dénaturation, sinon de falsification véritable, est le fait de la classe paysanne elle-même, qui donne en spectacle, dans les fêtes dites folkloriques, ses costumes locaux, ses techniques et sa cuisine traditionnelle, ses anciens métiers, etc., récupérant de cette manière, semble-t-il, une identité fortement menacée [150]. La facilité avec laquelle les matériaux folkloriques peuvent être manipulés à été noté par des chercheurs contemporains. Le folkloriste américain R. Dorson a même proposé, pour désigner ces productions d'authenticité douteuse, un terme qui est un jeu de mots intraduisible en français : *fakelore* (*fake* signifie objet « truqué », « maquillé », « forgé »).

On peut dire que, depuis son origine, le folklore comme discipline s'est toujours présenté avec le double visage de l'authentique et du falsifié. On s'aperçoit qu'au xixe siècle le populaire inauthentique, fabriqué comme le faux d'Ossian ou arrangé comme le *Barzaz-Breiz* de la Villemarqué, a le même succès que le populaire observé et rapporté avec scrupule (ainsi le recueil des *Ballades* de Percy, contemporain d'Ossian, et les premiers travaux de F. Luzel qui commence à publier, peu après le *Barzaz-Breiz*, des textes de littérature populaire bretonne sans les remanier). C'est qu'en effet l'intérêt pour le folklore est le fait de lettrés et de savants qui travaillent à leur usage et à l'intention de ceux qui partagent leur propre culture : il est évident qu'ils voient et qu'ils proposent un objet susceptible de leur convenir. Et, à cet égard, un bon objet fabriqué dans cette intention a encore plus de chances de s'adapter étroitement aux besoins, à l'attente de ce public potentiel qu'un objet observé avec fidélité, mais heurtant éventuellement le bon goût ou la raison par sa grossièreté, sa bizarrerie, ou son absurdité. On comprend mieux encore les rapports étroits entre le romantisme et l'origine du folklore comme discipline. Ces rapports sont en grande partie de nature esthétique. Une sensibilité nouvelle réclame un aliment qui lui convienne et que ne peut lui fournir l'esprit des Lumières. Elle va le chercher dans les créations d'un peuple à demi observé, à demi fabriqué. De nos jours les motivations du *folk-revival* sont en partie esthétiques également, en partie idéologiques, quand il rejette, non plus l'esprit des Lumières, mais la civilisation industrielle et part à la recherche rétrospective d'une vie et d'une culture caractérisées par leur authenticité. L'expression « la beauté du mort » proposée par M. de Certeau, D. Julia et J. Revel ne convient donc qu'à moitié[151]. Il s'agit pour les folkloristes moins de faire disparaître un objet culturel que de se l'approprier, parce qu'à un moment historique précis il répond à de nouveaux besoins esthétiques, mais aussi — il ne faut pas l'oublier — à une nouvelle curiosité scientifique. On pourrait montrer, par exemple, les affinités qui existent entre le *Bildungsroman* de la littérature romantique allemande et l'une des problématiques essentielles du conte merveilleux, qui est l'initiation.

Cette captation d'un objet qui convient à la sensibilité contemporaine tient encore à une autre raison. Les folkloristes du XIXᵉ siècle retrouvaient sans doute dans les croyances du peuple, dans ses pratiques, ses rituels et ses contes, une certaine expression du refoulé de leur propre culture, parvenue, elle, à un niveau de civilisation raffinée. Mais cette expression n'était pas toujours acceptable en dépit de son appartenance à une classe sociale « autre »; il s'ensuivait une censure inconsciente sur des faits qui n'étaient alors pas vus, ou s'ils étaient vus, étaient restitués avec des corrections et des falsifications. Contrairement à la littérature et à l'art savants dont le contenu, même subversif, est neutralisé par le fait qu'il s'agit de productions esthétiques, les traditions populaires sont prises dans la trame de l'expérience vécue quotidienne. Leur contenu ne peut être neutralisé qu'en les transformant en objets esthétiques et scientifiques, ou supposés tels en dépit de leur passage par le filtre de l'idéologie.

En outre, les productions folkloriques ont un caractère

d'anonymat qui autorise quiconque se le permet à s'en emparer pour des usages plus ou moins détournés. On a noté que Clemens Brentano, l'un des « auteurs-collecteurs » du *Cor enchanté de l'enfant*, traitait les chansons populaires « avec une extrême désinvolture, comme si ce trésor anonyme n'eut attendu que de lui appartenir [152] ». Enfin, les productions folkloriques relevant de l'imaginaire, dans la mesure où elles ont une composante mythique, possèdent par conséquent la mouvance de celui-ci. Toute transmission, qu'elle se fasse de génération à génération à l'intérieur de la culture orale ou de cette culture orale à la culture savante à travers les collectes, comporte une « folklorisation ». Patrice Coirault, le grand spécialiste des chansons populaires, en a montré le mécanisme. « Les exemples de citations fausses, parce que tronquées, amplifiées ou modifiées de toute façon, sont innombrables. N'y a-t-il pas d'erreur de texte, elle est dans l'attribution. La folklorisation commence à quelque degré quand la mémoire entre en jeu. Il est remarquable que l'erreur soit capable d'améliorer; on aurait cent citations pour en administrer la preuve. Une seule, qui peut suffire, " le style, c'est l'homme " montre encore qu'à citer un auteur on peut ne faire apparaître ni l'homme ni le style [153]. »

On peut se demander quel est le destin du folklore, pris au milieu de ce jeu complexe de la transmission populaire, de sa captation par la culture savante, et de la réutilisation éventuelle qu'elle en fait, enfin du retour qui s'opère dans l'autre sens, tel qu'on en observe des occurrences nombreuses de nos jours. En d'autres termes : comment meurt le folklore? Un exemple permettra, sinon de le comprendre, du moins de fournir des éléments concrets de réflexion. Les folkloristes ont souvent décrit la coutume dite de la *rôtie* qui appartient au rituel populaire du mariage. Elle consiste, pour la jeunesse du village, à faire irruption dans la chambre des jeunes mariés, au milieu de la nuit de noces, en leur apportant une soupe fortement épicée où trempent des tranches de pain rôti. Les recettes varient selon les régions; les appellations aussi. Il en existe une très jolie description dans les *Mémoires de l'Académie celtique,* qui est l'œuvre de Lejeune et concerne le canton de Bonneval [154]. Or les observations plus récentes font état d'une évolution, générale semble-t-il dans toutes les régions, qui a eu pour effet de transformer ce breuvage qui était à la fois appétissant, cordial et roboratif, en une parodie de nourriture, simulant des matières excrémentielles, présentée dans un vase de nuit afin qu'aucun doute ne subsiste sur l'intention mise en jeu [155]. Cette évolution uniforme et générale de la pratique a pour cause un renforcement collectif du refoulement concernant la sexualité et les fonctions de reproduction, qui a lieu à la fin du xixe siècle et au début du xxe siècle. Mais ce refoulement s'accompagne d'une régression vers la scatologie, à la manière des enfants qui, paralysés par leur ignorance de la sexualité, leur désir et leur crainte d'en prendre connaissance, trouvent un substitut plus acceptable dans les jeux verbaux de la scatologie. Il est intéressant de constater que Lejeune, en 1809, soulève la question de l'indécence à propos de cette coutume, mais pour bien noter que ses acteurs n'en éprouvent pas le sentiment : « [...] l'antiquité, peut-être même la sainteté de la primitive institution [« les pères ont cherché les preuves de la défloration de l'épouse »], ne laisse place à aucune idée d'inconvenance, et je n'ai jamais vu personne montrer sur sa figure l'apparence du scandale reçu. » Lejeune sait qu'en revanche ses lecteurs seront scandalisés, comme le seront les acteurs de la pratique cinquante ou cent ans plus tard. La censure n'a pas joué chez Lejeune, encore moins chez les gens qu'il observe (il ajoute que la recherche des jeunes mariés ne se fait pas au mariage des gens de la ville). Elle pèsera de plus en plus lourd au fur et à mesure que les discontinuités culturelles tendront à s'effacer au profit d'une uniformité idéologique, à la fois désirée et redoutée, et qui se solde en définitive par un appauvrissement. Le poète l'exprime mieux que nous ne saurions le faire : « Oh ! la science ! On a tout repris. Pour le corps et pour l'âme, — le viatique — on a la médecine et la philosophie, — les remèdes de bonnes femmes et les chansons populaires arrangées.

Et les divertissements des princes et les jeux qu'ils interdisaient !
Géographie, cosmographie, mécanique, chimie !... [156]. »

Objet oscillant entre l'authentique et le falsifié, lieu de
projections affectives, le folklore, lorsqu'il est appréhendé et se
constitue donc en discipline, est également une matière
fuyante, en ce sens qu'on le voit surtout lorsqu'il semble
disparaître. Ce caractère avait été déjà noté par W. Thoms qui
donna son nom à la discipline. Cette fuite dans le passé fait
partie de la nature même du folklore, on l'a vu. Comme le
remarque fort justement P. Coirault : « A supputer séculaire
l'ancienneté indispensable pour fonder la Tradition (et c'est un
minimum), qui obtiendrait de son vivant l'ensemble des
qualités nécessaires ? On ne sera pas folklorique autrement
qu'a posteriori et donc à titre collectif [157]. »

Alors que le folklore ne relève ni de l'ethnologie, ni de
l'histoire, ni de la mythologie, sa description la plus satisfaisante le place, on l'a dit, au point de jonction de ces trois
domaines. En tant que discipline, il faut le distinguer de
l'ethnologie et de l'histoire parce que sa problématique s'est
inscrite par rapport à la première dans le temps et non dans
l'espace et, par rapport à la seconde dans le mythe plus que
dans le temps. Ce paradoxe apparent se dissipe si l'on admet
que le temps puisse être à la fois la durée historique permettant
le passage de génération à génération, et un espace imaginaire
suscitant la nostalgie d'un passé mythique qu'on désire répéter.
Et c'est là que se trouve le moteur de la tradition qui s'inscrit
bien cependant dans la durée historique. On comprend mieux
de cette manière l'importance de la notion de poésie dans la
formation et le développement du folklore. La poésie appartient éminemment à la fiction ; peut-être est-elle, parmi tous les
genres littéraires, le plus imaginaire et le plus éloigné de la
réalité. Mais elle est aussi le plus apte à exprimer une certaine
vérité, celle du mythe.

C'est donc le poète qui conclura : « Je comprends, et ne
sachant m'expliquer sans paroles païennes, je voudrais me
taire [158]. »

NOTES

INTRODUCTION

1. Roland Barthes, *Mythologies*, Paris, Seuil, 1970 (Points n° 10). La 1ʳᵉ édition date de 1957.

2. Chapitre IV : La Mythologie inévitable. Friedrich Max Müller.

3. Marcel Détienne, *L'Invention de la mythologie*, Paris, Gallimard, 1981. Sur les paradoxes du mythe et de la fonction mythique, voir : Jean Pouillon, « La Fonction mythique ». *Le Temps de la réflexion*, I, 1980, p. 83-98.

4. Cité par P. Coirault, *Recherches sur notre ancienne chanson populaire. Exposé V*, Paris, Droz, 1933, p. 342.

5. Roman Jakobson, « Le Folklore, forme spécifique de création », in : *Questions de poétique*, Paris, Seuil, 1973.

6. Jean-Paul Valabrega, « Idéologie et mythologie sous l'angle de la psychanalyse », in : *La Formation du psychanalyste. Esquisse d'une théorie*, Paris, Belfond, 1979, p. 160-224.

7. Vladimir Propp, *Morphologie du conte*, Paris, Seuil, 1965 (Points n° 12). A quoi il faut ajouter l'étude de Cl. Lévi-Strauss. « La Structure et la forme. Réflexions sur un ouvrage de Vladimir Propp », in *Anthropologie structurale deux*, Paris, Plon, 1973, p. 139-173.

8. Tzvetan Todorov, *Grammaire du Décaméron*, La Haye, Mouton, 1969. Ainsi que : Les transformations narratives. In : *Poétique de la prose*, Paris, Seuil, 1980, p. 117-132 (Points n° 120).

9. Claude Brémond, *Logique du récit*, Paris, Seuil, 1973, (coll. Poétique).

10. Cité par Ernest Cassirer, *Langage et mythe. A propos des noms de dieux*, Paris, éd. de Minuit, 1973, p. 13.

11. Claude Lévi-Strauss, *L'homme nu*, Paris, Plon, 1971, p. 38 (*Mythologiques* 4).

CHAPITRE I

12. Jean Starobinski, « Fable et mythologie, aux XVIIe et XVIIIe siècles. Dans la littérature et la réflexion théorique ». In : *Dictionnaire des mythologies*, éd. par Yves Bonnefoy, Paris, Flammarion, 1981, t. I, p. 390-400.

13. Fontenelle, *De l'Origine des fables*, Edition critique par J.-R. Carré, Paris, Alcan, 1932.

14. *Les Représentations et attitudes des Français à l'égard du patrimoine culturel*, Paris, Ministère de la Culture, 1980 (ronéoté).

15. Giuseppe Cocchiara, *Storia del folklore in Europa*, Turin, Boringhieri, 1971 (1re éd., 1952).

16. Louis Dumont, *Essais sur l'individualisme. Une perspective anthropologique sur l'idéologie moderne*, Paris, Seuil, 1983, p. 117-122.

17. J. Starobinski, *op. cit.*, p. 399.

18. L. Dumont, *op. cit.*, p. 119.

19. Cité par Jean Richer. « Romantisme et mythologie. Le recours aux mythes dans les œuvres littéraires », in *Dictionnaire des mythologies, op. cit.*, t. II, p. 338.

CHAPITRE II

20. L'ouvrage de Ernest Tonnelat (*Les Frères Grimm. Leur œuvre de jeunesse*, Paris, A. Colin, 1912) est encore la meilleure source documentaire en français sur les Grimm. Il en est de même du volume que Tonnelat consacra aux modifications apportées lors des différentes éditions de leur recueil (*Les Contes des frères Grimm. Etude sur la composition et le style du Recueil des Kinder-und Hausmärchen*, Paris, A. Colin, 1912). Mais il faut compléter cet ouvrage par : Joseph Lefftz, *Märchen der Brüder Grimm. Aus dem Nachlass Clemens Brentanos in der Urgestalt herausgegeben*, Leipzig, 1926, qui reproduit un premier état du recueil en préparation, soumis à C. Brentano.

21. Cité par E. Tonnelat, *op. cit.*, p. 37.

22. André Jolles, *Formes simples*, Paris, Ed. du Seuil, 1972.

23. Cité par E. Tonnelat, *op. cit.*, p. 196.

24. Raymonde Robert, *Le Conte de fées littéraire, en France, de la fin du XVIIe à la fin du XVIIIe siècle*, Nancy, Presses universitaires, 1982.

25. Marc Soriano, *Les Contes de Perrault. Culture savante et culture populaire*, Paris, Gallimard, 1968.

26. Cité par E. Tonnelat, *op. cit.*, p. 201.

27. E. Tonnelat, *op. cit.*, p. 206.

28. Cité par E. Tonnelat, *op. cit.*, p. 208.

29. *Ibid.*, p. 212.

30. Cité par J. Starobinski, *op. cit.*, p. 399.

31. Cité par E. Tonnelat, *op. cit.*, pp. 79-80.
32. *Ibid.*, p. 78.
33. *Ibid.*, p. 83.
34. *Ibid.*, p. 73.
35. E. Tonnelat, *op. cit.*, pp. 210-212.
36. Cité par Antoine Faivre. « Les Contes de Grimm. Mythe et initiation », in *Cahiers de recherche sur l'imaginaire.* CIRCE, 10-11, 1978.
37. Cité par E. Tonnelat, *op. cit.*, p. 203.
38. Johannes Bolte et Georg Polivka, *Anmerkungen zu den Kinder-und Hausmärchen der Brüder Grimm*, Leipzig, 1913-1932, 5 vol.
39. Anti Aarne, *Verzeichnis der Märchentypen*, Helsinki, 1910 (FFC n° 3).
40. A. Aarne et S. Thompson, *The Types of the Folk-Tale. A Classification and Bibliography*, Helsinki, 1961 (FFC n° 184).
41. André Jolles, *op. cit.*
42. *Ibid.*, p. 18.
43. *Ibid.*, p. 186.
44. *Ibid.*

CHAPITRE III

45. A. Van Gennep, *Manuel de folklore français contemporain*, Paris, Picard, 1937, tome III, p. 12-18.
46. Sur l'Académie celtique, voir l'étude récente de Mona Ozouf. « L'invention de l'ethnographie française : le questionnaire de l'Académie celtique », in : *Annales E.S.C.*, mars-avril 1981, pp. 210-230. Et l'article de Henri Gaidoz. « De l'influence de l'Académie celtique sur les études de folklore », in *Recueil du Centenaire de la Société nationale des Antiquaires de France, 1804-1904*, pp. 135-143.
47. P. Sébillot, *Le Folklore de France*, Paris, Maisonneuve et Larose, *reprint*, 1968 (1ʳᵉ éd., 1904-1907), nouvelle édition, Imago, 1983-1986.
48. *Mémoires de l'Académie celtique*, t. I, 1807, p. 29.
49. *Ibid.*, p. 64. E. Johanneau n'hésita pas à payer de sa personne « pour rechercher les monuments, les usages, les croyances de la mythologie et les mots de la langue celtique ». Durant quinze mois il voyagea dans les départements de Loir-et-Cher, Indre-et-Loire, Indre, Cher, Loiret, Eure-et-Loire, Orne, Sarthe, Seine-et-Oise, Seine, « invoquant les traditions et les souvenirs, interrogeant, comparant, confirmant et complétant les récits des uns par ceux des autres » (M. Pardessus, « Notices sur les voyages d'antiquités celtiques et druidiques de M.-E. Johanneau », in : *Mémoires de l'Académie celtique*, t. I, 1807, p. 380-384).
50. *Mémoires de l'Académie celtique*, t. V, 1810, p. 288.
51. *Ibid.*, p. 417-418.
52. Claude Lévi-Strauss. « Les Trois sources de la réflexion ethnologique », in : *Revue de l'enseignement supérieur*, n° 1, 1960, p. 46.

53. Pierre Charron, *De la sagesse*, Paris, Bastien, 1783, II, ch. V, p. 351.

54. Eloi Johanneau, « Discours d'ouverture », in : *Mémoires de l'Académie celtique*, I, 1807, pp. 62-63.

55. M. Pardessus, *op. cit.*, p. 383.

56. L. F. Lemaistre, « Sur les monuments celtiques ou romains du département de l'Aisne », in : *Mémoires de la Société des Antiquaires*, IV, 1823, p. 49.

57. P. Lafitau, *Mœurs des sauvages américains*. I, p. 13. On peut se reporter à la belle étude de P. Vidal-Naquet (« Les jeunes — Le cru, l'enfant grec et le cuit », in : *Faire de l'histoire*, t. III. *Nouveaux objets*, Paris, Gallimard, 1974, pp. 137-168), qui explicite bien cette confrontation.

58. *Mémoires de l'Académie celtique*, I, 1807, pp. 63-64.

59. C.-G. Dubois, *Celtes et Gaulois au XVIe siècle. Le développement littéraire d'un mythe nationaliste*, Paris, Vrin, 1972.

60. *Ibid.*, p. 128.

61. *Mémoires de l'Académie celtique*, I, 1807.

62. *Mémoires de la Société royale des Antiquaires de France*, I, 1817, p. 111. Il existait à Londres une société des Antiquaires fondée dans la seconde moitié du XVIIIe siècle et une autre à Edimbourg fondée en 1780.

63. Discours prononcé par le baron de Ladoucette..., in : *Mémoires de la Société royale des Antiquaires de France*, II, 1820, p. 3.

64. *Mémoires de la Société royale des Antiquaires de France*, V, p. 379.

65. A. Van Gennep, *Manuel de folklore français contemporain*, *op. cit.*, t. I, vol. 1, p. 32.

66. C'est dans une lettre au journal *The Athenaeum* et sous le pseudonyme d'Ambrose Merton que William Thoms propose ce « mot composé bien saxon » (cette lettre a été republiée dans : *The Study of Folklore*, Ed. by Alan Dundes, Englewood Cliffs, N. J., Prentice-Hall, 1965, p. 4-6). P. Coirault approuve le terme de folklore : « Pour nommer une chose spéciale, mal connue et grosse de passé, il fallait un mot neuf, net, pour longtemps à sens unique. L'anglais l'a fabriqué. Il fournit aisément folklorique, folkloriste, folkloriser, folklorisation, peut-être folklorisme, mots utiles ou indispensables » (P. Coirault, *Notre chanson folklorique*, Paris, Picard, 1941, p. 316, n° 1).

67. Il existe quelques notes à ce sujet dans ses archives conservées au Musée des arts et traditions populaires. On peut aussi consulter son *Manuel de Folklore français contemporain*, (*op. cit.*, 1937-1958), particulièrement : t. I, vol. 1, p. 32 et t. III, pp. 133-135 ; ainsi que *Textes inédits sur le folklore français contemporain*, présentés et annotés par N. Belmont, Paris, Maisonneuve et Larose, 1975, pp. 21-29.

68. *Mémoires de l'Académie celtique*, I, 1807, p. 74.

69. Nous renvoyons à l'étude que Michel de Certeau, Dominique Julia et Jacques Revel ont consacrée à l'enquête de l'abbé Grégoire : *Une politique de la langue. La Révolution française et les patois*, Paris, Gallimard, 1975.

70. *Ibid.*, p. 80.

71. E. Benveniste, *Le Vocabulaire des institutions indo-européennes*, Paris, Ed. de Minuit, 1969, t. II, pp. 273-279.

72. Ed. Tylor, *La Civilisation primitive*, Paris, 1876, t. I, p. 83 (la 1ʳᵉ édition anglaise est de 1870).

73. G.-L. Gomme, *The Handbook of Folklore*, Londres, D. Nutt, 1890, p. 5.

74. P. Saintyves, « Les Origines de la méthode comparative et la naissance du folklore. Des superstitions aux survivances », in : *Revue de l'histoire des religions*, t. 105, 1932, p. 70.

75. *Mémoires de l'Académie celtique*, II, 1808, pp. 3-4.

76. Thomas de Saint-Mars, « De quelques usages superstitieux qui précèdent et accompagnent les mariages », in : *Mémoires de l'Académie celtique*, V, 1810, p. 310. Cet usage avait déjà été rapporté par l'abbé Thiers, plus d'un siècle auparavant.

77. S. Freud, *L'Interprétation des rêves*, Paris, PUF, 1967, pp. 298-301.

78. Beaucoup plus tardif, puisqu'il parut en 1939, alors que la *Traumdeutung* est de 1900. Nous nous référerons à l'édition de poche de *Moïse et le monothéisme*, (Paris, Gallimard, 1967).

79. *Ibid.*, p. 127.

80. *Ibid.*, p. 135.

81. S. Freud, *Cinq leçons sur la psychanalyse*, Paris, Payot, 1966.

82. A. Van Gennep, *Le Folklore. Croyances et coutumes populaires françaises*, Paris, Stock, 1924, p. 88.

83. Cl. Lévi-Strauss, « Le Père Noël supplicié », in : *Les Temps modernes*, 1952, n° 77, p. 1584.

84. Gérard de Nerval, *Œuvres*, Paris, Garnier, 1966, pp. 593-594.

CHAPITRE IV

85. Brigitte Massin, *Franz Schubert*, Paris, 1977, pp. 1024-1027.

86. Max Müller, *Nouvelles leçons sur la science du langage*, Paris, Durand, 1868, t. II, p. 144 (traduction d'un cours donné à l'Institut royal de Grande-Bretagne en 1863).

87. Max Müller, *Leçons sur la science du langage*, Paris, Durand, 1876 (traduction d'un cours donné à l'Institut royal de Grande-Bretagne en 1861).

88. *Ibid.*, p. 44.

89. *Ibid.*, pp. 46-47.

90. Max Müller, *Nouvelles leçons...*, *op. cit.*, p. 73.

91. Max Müller, *Leçons sur la science du langage*, *op. cit.*, p. 79.

92. *Ibid.*, p. 85.

93. Max Müller, *Nouvelles études de mythologie*, Paris, Alcan, 1898, p. 106.

94. Max Müller, *Essais sur la mythologie comparée, les traditions et les coutumes*, Paris, Librairie académique, 1873, I, pp. 40-41.

95. Michel Bréal, *Mélanges de mythologie et de linguistique*, Paris, Hachette, 1877.

96. *Ibid.*, p. 10.

97. *Ibid.*, p. 11.

98. *Ibid.*, p. 29.

99. *Ibid.*, p. 72.

100. Max Müller, *Leçons sur la science du langage, op. cit.*, p. 115.

101. Max Müller, *Nouvelles leçons..., op. cit.*, p. 148 ·

102. Max Müller, *Leçons sur la science du langage, op. cit.*, pp. 271-272.

103. *Ibid.*, p. 286.

104. Stanislas Prato. « Le mythe solaire du cheval dans une formulette enfantine de Livourne », in : *Revue des traditions populaires*, II, 1887, pp. 541-548.

105. Gaston Paris, *Le Petit Poucet et la Grande Ourse*, Paris, Franck, 1875.

106. Henri Gaidoz, « Comme quoi M. Max Müller n'a jamais existé. Essai de mythologie comparée », in : *Mélusine*, II, 1884-85, col. 73-88.

107. Max Müller, *Essais sur la mythologie comparée..., op. cit.*, p. 41.

CHAPITRE V

108. Andrew Lang, *Myth, Ritual and Religion*, London, Longmans, 1887, vol. 1, pp. 27-28 (trad. fr. : *Mythes, cultes et religions*, Paris, Alcan, 1896).

109. Selon les termes de Salomon Reinach (« L'Histoire du folklore », in : *Cultes, mythes et religions*, Paris, Leroux, 1922, I, p. 122).

110. Signalons une étude récente où l'auteur examine les effets des critiques de l'école anthropologique anglaise sur les théories de Max Müller : Gregory Schrempp, « The Re-education of Friedrich Max Müller : intellectual appropriation and epistemological antinomy in mid-victorian evolutionary thought », in : *Man*, vol. 18, n° 1, 1983, pp. 90-110.

111. S. Reinach, « A. Lang et l'histoire des religions », in : *Cultes, mythes et religions*, Paris, Leroux, 1923, V, p. 18.

112. A. Lang, *La Mythologie*, Paris, Dupret, 1886.

113. Emile Burnouf, *La Science des religions*, Paris, 1872.

114. A. Lang, « Le Bon Sens oublié de Fontenelle », in : *Mythes, cultes et religions*. Paris, Alcan, 1896, Appendice A.

115. P. Saintyves, *Les Contes de Perrault et les récits parallèles. Leurs origines (coutumes primitives et liturgies populaires)*, Paris, E. Nourry, 1923.

116. Cette hypothèse sera systématisée par Vladimir Propp, *Les Racines historiques du conte merveilleux*, Paris, Gallimard, 1983 (1re édition, Moscou, 1946).

117. Hyacinthe Husson, *La Chaîne traditionnelle. Contes et légendes au point de vue mythique*, Paris, Franck, 1874, pp. 50-56.

118. P. Saintyves, *op. cit.*, p. 208.

119. Cl. Lévi-Strauss, *La Pensée sauvage*, Paris, Plon, 1962, p. 24.

Notes 175

120. *Ibid.*, p 31. A propos de ce « bricolage » du conte, voir Claude Brémond, « Le Meccano du conte », in : *Magazine Littéraire*, n° 150, juillet-août 1979, pp. 13-16 (n° spécial : « Contes et mémoires du peuple »).
121. James George Frazer, *Le Rameau d'or*, Paris, Laffont, 1981-1984, 4 vol. (coll. Bouquins).

CONCLUSION

122. Marcel Détienne, *L'Invention de la mythologie, op. cit.*
123. Sigmund Freud, « L'Inquiétante étrangeté », in : *Essais de psychanalyse appliquée*, Paris, Gallimard, 1952 (*Das Unheimliche*, 1919).
124. *Ibid.*, p. 195.
125. C. Brémond, *Logique du récit, op. cit.*
126. Otto Rank et Hans Sachs, *Psychanalyse et Sciences humaines*, Paris, PUF, 1980.
127. O. Rank et H. Sachs, *op. cit.*, pp. 54-55.
128. S. Freud, *op. cit.*, p. 207.
129. M. Détienne, *op. cit.*
130. Jean-Paul Valabrega, *Phantasme, mythe, corps et sens*, Paris, Payot, 1980, p. 52.
131. Paul Sébillot, *Le Paganisme contemporain chez les peuples celto-latins*, Paris, Doin, 1908, p. XXVI. Concernant la notion de paganisme, nous renvoyons le lecteur à l'ouvrage tellement suggestif de Marc Augé, *Génie du paganisme*, Paris, Gallimard, 1982 (Bibliothèque des sciences humaines).
132. E. B. Tylor, *La Civilisation primitive*, Paris, Reinwald, 1876, t. I, p. 83.
133. *L'Année sociologique*, V, 1900-1901, p. 219.
134. Karl Abraham, « Rêve et mythe », in : *Œuvres complètes I*, Paris, Payot, 1965, pp. 165-215.
135. *Ibid.*, p. 189.
136. *Ibid.*, p. 214.
137. J.-P. Valabrega, *op. cit.* : ch. VII-4 : « Inconscient et mythe. Permanence et métamorphose », pp. 142-150.
138. A. Van Gennep, *Textes inédits, op. cit.*, p. 47.
139. S. Freud, *Psychopathologie de la vie quotidienne*, Paris, Payot, 1963, p. 298.
140. *Ibid.*, pp. 298-299.
141. Une étude contemporaine déjà classique prend en compte cette triple dimension du folklore : Jacques Le Goff et Emmanuel Le Roy Ladurie, « Mélusine maternelle et défricheuse », in : *Annales E.S.C.*, mai-août 1971, pp. 587-622.
142. A. Van Gennep, *Les Rites de passage*, Paris, Picard, 1981 (1re éd., Paris, 1909).

143. M. Détienne, *op. cit.*, (spécialement le ch. VI : « Grec à deux têtes »).

144. W. Thoms, *op. cit.*

145. Cl. Lévi-Strauss, « Race et histoire », in : *Anthropologie structurale deux*, Paris, Plon, 1073, p. 387.

146. Jean Plumyène, *Les Nations romantiques. Histoire du nationalisme. Le XIXe siècle*, Paris, Fayard, 1979, p. 17.

147. E. Johanneau, dans son Discours d'ouverture fait remarquer qu' « on doit à M. Macpherson la plus grande reconnaissance, et pour nous avoir donné cet Homère des Calédoniens, et pour avoir donné en même temps à son siècle la première impulsion vers la recherche des poésies et des traditions celtiques ». Entre 1805, date où il prononce ce discours et 1807, date où celui-ci paraît dans le premier volume des *Mémoires*, les doutes sur l'authenticité du poème d'Ossian deviennent de plus en plus forts. Aussi E. Johanneau ajoute-t-il une très longue note qui retrace minutieusement l'historique de l'affaire et qu'il conclut en suggérant l'hypothèse d'une construction en mosaïque opérée par Macpherson à partir de nombreux fragments de poèmes (*Mémoires de l'Académie celtique*, t. I, 1807, p. 52 et note 1).

148. Donatien Laurent, *La Villemarqué, collecteur de chants populaires. Etude des sources du premier Barzaz-Breiz à partir des originaux de collecte (1833-1840)*, Paris, Institut d'ethnologie, 1974 (Archives et documents, micro-édition).

149. J. Plumyène, *op. cit.*, pp. 123-126.

150. Gérard Collomb, « Parler folklore : les fêtes au village en Savoie », in : *Cahiers internationaux de sociologie*, LXVIII, 1980, pp. 83-93.

151. M. de Certeau, D. Julia et J. Revel, « La beauté du mort », in : *La Culture au pluriel*, Paris, 10/18, 1974.

152. Gottfried Bohnenblust, « Clemens Brentano », in : *Cahiers du Sud*, 1983 (rééd. en fac-similé du n° de 1949 : *Le Romantisme allemand*), p. 217.

153. Patrice Coirault, *Notre chanson folklorique*, Paris, Picard, 1941, p. 172, n. 1. Est-il besoin de dire que la phrase de Buffon est : « Le style est l'homme même » ou « le style est de l'homme même », suivant les différentes éditions du *Discours sur le style* (1753) ? Sur le rôle de la mémoire et de l'oubli, voir aussi : Jean-Olivier Majastre, « Oublieuse mémoire », in : *Le Monde alpin et rhodanien*, n° 1-4, 1982, pp. 123-126 (n° spécial intitulé *Croyances, récits et pratiques de traditions. Mélanges Charles Joisten, 1936-1981*).

154. Lejeune, « Notice sur les usages des environs de Bonneval, département d'Eure-et-Loir », in : *Mémoires de l'Académie celtique*, t. IV, 1809, p. 242-263 et 420-433.

155. Yvonne Verdier, *Façons de dire, façons de faire*, Paris, Gallimard, 1979 (chap. V : « La Cuisinière »).

156. Arthur Rimbaud, « Mauvais sang », in : *Une Saison en enfer*, (1873).

157. P. Coirault, *op. cit.*, p. 140.

158. Arthur Rimbaud, *op. cit.*

TABLE DES MATIÈRES

*Ouvrage réalisé en photocomposition
par l'imprimerie BUSSIÈRE
et imprimé sur presse CAMERON
dans les ateliers de la S.E.P.C.
à Saint-Amand-Montrond (Cher)
le 3 novembre 1986*

N° d'édition : 41. N° d'impression : 2340-1275.
Dépôt légal : novembre 1986.

Imprimé en France